LES GAÎTÉS
CHAMPÊTRES

PAR

M. JULES JANIN

TOME PREMIER

PARIS
MICHEL LÉVY FRÈRES, ÉDITEURS
RUE VIVIENNE, 2 BIS
—
M DCCC LI

LES GAITÉS
CHAMPÊTRES

— PARIS —
IMPRIMÉ PAR J. CLAYE ET Cie,
RUE SAINT-BENOIT, 7.

LES GAITÉS
CHAMPÈTRES

PAR

M. JULES JANIN

Mais déjà le soleil, bien haut sur l'hémisphère,
N'a plus que la moitié de sa visite à faire ;
Ce bocage prochain nous invite à propos ;
Viens, nous y trouverons le frais et le repos !
Couchons-nous sur ces fleurs ; l'herbe et la feuille verte
S'offrent à nous servir de lit et de couverte,
Ma Sylvie ! On dirait que ces beaux myrtes verts
Aux pauvres amoureux tendent leurs bras ouverts.

TOME PREMIER

PARIS
MICHEL LÉVY FRÈRES, ÉDITEURS
RUE VIVIENNE, 2 BIS

M DCCC LI

TROIS CONTES

POUR

UNE PRÉFACE

---o-☙-o---

AU DOCTEUR PROSPER MENIÈRE

MÉDECIN DE L'INSTITUTION DES SOURDS-MUETS
A PARIS.

Ami Menière (avant de vous présenter cette idylle, un peu vêtue à la mode des bergers de Luciennes ou de Trianon), écoutez un conte ou deux que j'ai lus dans un vieux livre, écrit aux temps anciens, à l'heure où l'école s'agitait pour savoir : *Si l'amour est permis au sage?* La bonne question! et ce serait bien la peine, en effet, d'être un philosophe, si l'amour était le domaine exclusif des stupides et des insensés !

Dans un des meilleurs bourgs de l'Andalousie, il y avait un paysan qui était le père d'un jeune garçon de belle apparence, et ce garçon n'avait pas attendu l'heure d'être sage, pour devenir amoureux comme un fou, de sa voisine Bernardille. Elle, de son côté, disposée et éveillée, et naturellement portée aux grandes entreprises qui s'exécutent en peu de temps, écouta volontiers les chansons matinales de don Claudio ; douces chansons taillées sur le patron des élégies de Damon et d'Alphœsibée ! On les sait avant l'âge, on les chante avant l'heure... et c'est la bonne heure pour les chanter.

Tant et tant Bernardille et Claudio chantèrent tout bas la chanson d'Alphœsibée, que le village en sut bientôt l'air et le refrain ! Hélas ! plus d'une épée à la riche poignée a porté un coup mortel ; plus d'une tendresse à la dérobée s'est changée en accusation et en châtiment. On se rencontre, on se regarde, on s'appelle, on se mutine, on résiste, on s'apaise, on se boude, on se raccommode, on fait l'endormie, on fait le fâché. — Ah! Philis, les belles mains! — Ah! Clitandre, laissez là ma main, elle n'est pas à la réplique!... Et voyez la méchanceté des hommes et la duplicité des parents!... autant de mots, autant de crimes. Pauvres enfants! vous êtes perdus; il ne vous reste plus qu'à être traduits devant l'alcade ou traînés à l'autel !

Les parents de Bernardille et de Claudio usèrent d'indulgence, ils portèrent leur plainte à l'alcade, un bonhomme d'une âme clémente, et si parfois la sévérité régnait sur cet honnête visage, elle y régnait d'un air pacifique et riant.

Les plaids étant ouverts, le juge assis, l'assistance nombreuse, l'huissier appela Claudio contre Bernardille et Bernardille contre Claudio, c'est-à-dire la mère de la fille contre le père du garçon, et réciproquement, car la plainte était, comme on dit en style de palais, une plainte reconventionnelle. « — Il a séduit ma fille ! — Elle a séduit mon fils ! » criaient les plaideurs aux oreilles de ce digne criminaliste, et le bonhomme les laissait dire, tant il était friand de ces chères histoires que nous cachent les saules d'un jour, aussi bien que les chênes centenaires. Quand elles eurent tout dit, il imposa silence aux deux parties : — Nous allons, dit-il, entendre les témoins.

Mais les témoins, ces dignes éclaireurs de la justice humaine, à force de dire, cette fois, la vérité et toute la vérité, poussèrent à leurs dernières limites les doutes et les incertitudes du seigneur alcade. Il voyait bien en tout ceci deux coupables, mais qui des deux — a manqué le premier, de respect à l'autre? J'ai sous les yeux (tel était son petit raisonnement) une grande défaite; — mais les frais de la première défaite qui les paiera? Jusqu'à présent ils sont à deux de jeu, la fille et le garçon; le drôle a, dit-on, un œil brillant, on dit aussi que le regard de la fille est bien dangereux !...

— Il en sait long, Alcade! — Elle pourrait lui en remontrer, monsieur le juge! ajoutait une rivale de Bernardille; en le repoussant, elle avait l'art de l'attirer. — Que dites-vous? reprenait un rival de Claudio; en la fuyant il arrivait du même pas, le séducteur! — au but où elle voulait le conduire, la séductrice! Ainsi parlaient les témoins, l'une de ci, l'autre de çà, tantôt contre le garçon, et tantôt contre sa maîtresse. Autant de rapports également fidèles, vraisemblables, et contradictoires! De tous ces rapports il résultait cependant que la fille et le garçon, le garçon autant que la fille, étaient suspectés, à bon droit. On les avait rencontrés le matin; à midi; sur la brune, et plus tard; on les avait vus paraître et disparaître au milieu de tous les sentiers, sur la lisière de tous les blés, à l'ombre des buissons, au bord du fleuve, au fond du bois. — J'en atteste le ciel! disait la fière Béatrix avec l'accent de la vérité, quand la vérité passe par une belle bouche incarnate et deux grands yeux noirs. — J'en lève la main ! ajoutait la superbe Antonia ; et l'on eût dit que cette main brillante avait le soleil à ses ordres.

Bientôt vous eussiez vu toutes ces lèvres vermeilles tourner habilement ces accusations en louange, en pardon, en pitié, en mille bonnes choses que l'on ne voit pas souvent dans nos polices correctionnelles. — Qui était bien embarrassé en tout ceci ? c'était l'alcade ! Il était partagé entre le doute et la convoitise. Eh ! qu'y faire ? Un juge est un homme. Il n'y a pas de cœur si frugal à qui l'eau ne vienne à la bouche de ces crimes appétissants. A mesure que parlaient ces témoins intéressants, plus que désintéressés, notre juge allait incessamment ballotté d'une cause à l'autre cause ; — on voyait pétiller son petit œil gris, sous son large sourcil fauve ; il ne ressemblait pas mal, en ce moment, à un vieux chat qui a touché au fromage, qui voudrait bien en tâter encore, et qui se pourliche en son par-dedans.

Il était dans cet état de malaise où je suis

moi-même, inquiet et malheureux de l'œuvre à peine achevée. A l'heure où le métal en fusion accomplit obscurément sa dernière métamorphose, l'artiste jetterait au feu sa maison afin de savoir au plus tôt toute sa destinée. Ainsi ferais-je, moi qui vous parle (si j'avais une maison), pour savoir ce que vont devenir, en mes chants bucoliques, Eugène, mon berger, Louison, ma bergère.

Les témoins entendus (je reviens à mon alcade), la parole fut donnée aux défenseurs des deux accusés, et je dois dire que Bernardille rencontra dans la personne de damoiselle Mathurine, sa cousine, un maître-avocat tout rempli du feu brillant de l'éloquence. Socrate lui-même n'était pas plus doux, plus insinuant et d'une éloquence plus exquise. Tout ce qu'elle touche, Mathurine l'embellit et le pare; elle commande à la parole, et la parole obéit à Mathurine. Elle fait, des mots, ce que personne autre n'en saurait faire; elle a tous les genres d'esprit, et si parfois on peut reprocher quelque parure à son discours, c'est qu'en effet l'orateur a le droit de ne pas s'oublier, même en songeant à la cause qui lui est confiée. On a loué Démosthènes de *sortir de soi* pour ne voir que la patrie ; eh bien ! Mathurine, un instant, a eu cela de commun avec Démosthènes, elle *a paru sortir de soi* (une épingle de son fichu était tombée), et, tout en arrangeant son fichu, elle a repris le fil de son discours, et elle a montré le décousu de l'accusation.

« Qu'appelez-vous, des amours criminelles,
« et que veut-on nous dire en demandant que
« Bernardille soit interrogée sur les faits de la
« cause ? Est-ce qu'une fille dit ses envies ?
« Est-ce que les témoins en savent rien ? Qui
« sait où elle va ? qui sait d'où elle vient ? Qui
« pourrait, ou qui voudrait la suivre à la trace ?
« Les bluets sont muets, et les blés se relèvent
« si vite ! Et quant à être friand de la sagesse
« des filles sages, où est le grand crime ? On se
« rencontre, on se regarde, on se frôle en pas-
« sant, on se dit bonjour à peine, on ne fait ni

« la demande ni la réponse, et voilà deux cœurs
« qui s'envolent! Courez après si vous pou-
« vez! »

Ainsi parlait en muguettant cette muguette
de Mathurine, et qui comprenait bien que ce
madrigal *pro Claudio*, irait plus droit au but que
l'objurgation *pro Milone*. Elle fut écoutée avec
bienveillance, attendu qu'elle avait parlé dans
de bonnes vues, quoiqu'un peu irrégulières.
L'alcade était tout yeux et tout oreilles. Non,
monsieur l'avocat général Pierre Séguier ne fut
pas plus ému et plus attentif lorsque madame
la duchesse de Béthune s'en vint, en personne,
plaider contre monsieur le maréchal duc de
Broglie, à la barre du parlement émerveillé.

Mathurine ayant dit : *j'ai dit!* la parole fut
donnée à maître Angélique, avocat du dé-
fendeur, messer Claudio, et vraiment l'avocat
était digne de plaider cette grande cause. Elle
était très-beau à voir, dans sa robe aux longs
plis, le bonnet sur la tête, les yeux fins, un regard, un sourire et des grâces à gagner les

causes les plus difficiles. Cette Angélique était une belle fille, mais jusqu'alors son cœur était resté garçon ; ce cœur éloquent passait coquettement et stoïquement sa vie entre le *oui* et le *non*, le *contre* et le *pour*, le *zist* et le *zest*, le *venez ici* et le *vas-y voir* des grandes coquettes et des grands-orateurs, si bien que ce cœur mobile était disposé, éloquemment, à soutenir les sentiments les plus divers.

Orateur d'un si beau sexe, elle possédait doublement l'art d'agrandir les petites causes, de donner les grâces de la nouveauté aux vieilles disputes. Disons tout! maître Angélique avait, comme avocat, le défaut qui était celui de son âge et de son siècle, après avoir été le défaut de Cicéron lui-même, et des plus beaux esprits parmi les pères de l'Église naissante. Elle avait oublié, chemin faisant, les grandes traces de l'art oratoire, et le plus souvent elle allait à son but par les chemins détournés. Elle se plaisait dans les métaphores obscures de Tertullien, elle aimait l'emphase de saint Cyprien, elle s'enveloppait volontiers dans le nuage de saint Ambroise; l'antithèse rimée et subtile de saint Augustin avait de grands charmes pour notre éloquente, elle courait après les jeux de mots autant que saint Jean Chrysostôme, pour le moins.

Son éloquence avait les qualités et les défauts de l'âge de corruption voisin de Lucain et de Diderot, de Jean-Jacques Rousseau et de Juvénal, de l'empereur Claude et du prince de Conty, de Poppée et de madame de Pompadour, de Fréron et de Martial. Elle se sentait du règne des despotes, des catins et des rhéteurs; en un mot elle avait trop d'esprit; elle subtilisait toutes choses; elle cherchait un tour nouveau à chaque période; elle aimait l'embarras, le tortillage et le coloris, laissant à qui les voulait ramasser, la noblesse de l'image, la clarté du discours, la justice et la justesse de la parole, en un mot ce qui est beau, grand, véhément et vrai. Que d'orateurs élevés à l'école d'Angélique et qui n'ont pas ce qu'elle avait, dame!

pour la protéger et pour la défendre! La beauté, quoi qu'elle dise et qu'elle fasse, est une si grande dame et un si habile avocat!

Après s'être concilié dans un habile exorde la bienveillance du juge et l'attention grandissante de l'auditoire, elle se posa fièrement sur ses deux pieds d'Andalouse, à six pas du juge, et elle parla en orateur qui marche sur un terrain brûlant, mais qui en sait le fond et le tréfond, qui en connaît les produits à plante et à racine. Elle commença par s'indigner de l'injustice faite au jeune Claudio, son client :

« Jusques à quand, enfin, disait-elle, d'un
« geste énergique et galant, les pères et les
« mères abuseront-ils de la patience de leurs
« enfants? — et de quel droit, messire al-
« cade, n'est-il plus permis à une honnête fille
« d'avoir un fiancé de la semaine qui vient, et
« à un brave garçon une amoureuse de la se-
« maine passée? Eh quoi, vous voulez empê-
« cher de s'ajuster l'un l'autre, deux cœurs et
« deux visages qui se conviennent si bien!

« Dans un pays si bon pour les contrebandiers,
« que le bon Dieu a créé tout exprès pour la
« maraude, vous voulez empêcher la maraude!
« On nous dit que l'amour est une nouveauté
« pour les filles, et l'on ne veut pas que nous
« soyons curieuses! Vous cherchez le crime et
« le criminel, messire alcade; mais si le crime
« est à tous deux, ce n'est donc le crime de
« personne? Les pères et les mères, je le sais
« bien, ne veulent pas que les jeunes gens
« prennent, sans permission préalable, de l'a-
« mour l'un pour l'autre... une fois pris, que
« veulent-ils qu'on en fasse? O le bel amour
« que nous font les parents! Un amour qui
« commence par *mais*, et qui finit par *car!* »

Ainsi parla, de sa voix sonore et d'un beau timbre, à l'accent vibrant, maître Angélique avec le zèle d'une jeunesse qui plaide *pro domo suâ*, qui plaide pour sa maison; avec la chaleur d'un ami qui défend une bonne cause et qui la soutiendrait juste, même ne le fût-elle qu'à moitié. J'aurais grand besoin, mon cher

Menière, en ce moment solennel, d'un défenseur, sinon de cette robe, du moins de ce dévouement à la cause commune. « Si Nicias est innocent, délivre-le ; s'il a failli, viens à son aide ; de quelque façon que ce soit, sauve Nicias ! » Ainsi parlait un roi de Sparte ; or toute femme est un peu de Lacédémone, la dévouée et l'impitoyable, à propos des droits de sa patrie et des libertés de son état.

Plus que jamais l'alcade infortuné s'agitait et suait d'ahan sur son siége, où il siégerait encore s'il n'eût pas rencontré une *idée* enfin. Trop heureux encore de finir comme il aurait dû commencer.

— Au fait, dit-il, avant de prononcer mon arrêt contre les accusés, quel âge ont-ils ?

— Mon fils aura dix-huit ans aux vendanges prochaines, répondit le paysan.

— Ma fille avait seize ans à Notre-Dame de la Conception, répondit la mère de Bernardille.

Et le juge hors de lui, et se levant tout d'une pièce : Comment, s'écria-t-il, homme et femme que vous êtes, vous moquez-vous de moi, et pensez-vous que la justice ait du temps à perdre? Il a dix-huit ans, elle en a seize, il est garçon, elle est fille, ils se sont donné un pain sur la fournée, eh bien! que voulez-vous que j'y fasse, et que diable venez-vous me chanter? Monsieur ne doit rien à madame, et madame ne doit rien à monsieur, voilà mon opinion! La rencontre, la salutation, la demande et la réponse, tout est payé et de bonne grâce, de part et d'autre, et partant quittes; il n'y a plus qu'à les accommoder pour le courant. Ayant ainsi parlé, le digne alcade renvoya les amoureux dos à dos, sauf à se retourner plus tard.... *condamne le père et la mère aux dépens.*

O Menière! le bon juge, et l'arrêt sans appel! Le roman que voici est un procès de cette couleur printanière, et, encore une fois, j'ai grand besoin d'un ami qui ne laisse pas mon livre aller seul, pauvre et nu, par la ville indifférente. Il n'y a que les poëtes et les plus grands

poëtes qui disent à l'ode, à peine achevée :
Allez, ma fille, allez sans nous, à travers la
foule et ses hasards, et que la faveur publique
vous soit légère! Ces poëtes-héros, s'ils parlent de cette façon dégagée aux enfants de leur
génie, c'est qu'ils ont le secret de leur force,
et lorsqu'aux premiers vers ils s'abaissent, les
glorieux! à la toute-puissance suppliante, vous
les verrez bientôt convenir qu'ils sont dans le
secret d'Apollon :

> Proxima Phœbi
> Versibus ille facit.

Que les bergers et les muses de la Sicile tressent déjà des couronnes pour cette gloire naissante :

> Pastores hederâ crescentem ornate poetam.

que Varus, si bon juge des choses de l'esprit,
admirait déjà ces poëmes encore imparfaits :

> Hæc quæ Varo necdum perfecta canebat.

Donc chantons et célébrons, de toutes nos voix,
le grand poëte :

> Utque viro Phœbi chorus assurrexerit omnis.

Oui, disent-ils en parlant de ce même livre qu'ils semblaient, dès le prologue, abandonner à tous les accidents de la place publique, peuple, écoute-moi ! Je viens de te donner un chef-d'œuvre, et quel que soit l'accueil que les contemporains lui réservent, ni le feu, ni le fer, ni les siècles rongeurs de toutes choses, ni les tempêtes du ciel, ni les orages civils ne sauraient prévaloir contre ce monument que j'élève aux muses éternelles, plus éclatant que le Capitole, et plus durable que l'airain.

C'est ainsi qu'ils font retentir, plus haut que les étoiles, leur *exegi monumentum*.

Ces grandes et légitimes ambitions, je les admire et j'en ai peur. Qui le voudra, s'adresse aux nations attentives et à la postérité complaisante, il me suffit de rencontrer en mon chemin, et c'est pourquoi je m'adresse à vous, Menière, l'alcade intelligent de tout à l'heure à qui je puisse dire : Ami, ne condamnez pas sans l'entendre mon petit conte d'amour. Ne dites pas, aux premières pages de mon récit :

Le voilà qui passe d'un extrême à l'autre ! Hier encore il nous racontait les batailles théologiques du grand siècle, il mariait Louis XIV à madame de Maintenon, et le voilà qui se perd de gaîté de cœur, dans les paysages impossibles de Watteau. — Il marie à Florian, Théocrite; à mademoiselle de Lespinasse, le berger Amyntas !

Vous dites vrai, mon livre est une suite de mésalliances ! J'ai voulu réunir, dans ces pages de mon caprice, ce que l'antiquité nous a laissé de plus exquis et de plus charmant, aux mièvreries les plus effrontées des plus petites élégances et des plus imperceptibles délicatesses du siècle passé ! Ici *Les jours d'Hésiode*, et sur la même page : *La Nuit et le Moment*, ou les *Hasards du coin du feu !* Pindare et le chevalier Bertin. Vous dites vrai; mais, encore une fois, soyez-moi un juge attentif, et me prêtez une oreille complaisante. Ou plutôt qu'il n'y ait pas de juge ici, puisque c'est à peine si l'on y trouve un coupable, et laissez-moi vous offrir, mon bon et fidèle camarade, ces *gaîtés* que j'ai écrites pour vous, et non pas pour la multitude ; elle a peur des longs ouvrages, — les lecteurs nombreux me font peur.

A quoi bon nous tourmenter d'ailleurs, vous et moi, d'un conte futile, écrit et chanté sur le mode lydien? Qui le saura? qui s'en inquiète? Un homme sage, si la fortune lui sourit, s'il a la santé et le loisir, s'en va loin de la ville, au printemps, et il achète sur quelque hauteur favorable, un enclos modeste où il se promène aux heures choisies.

Pensez-vous que cet homme se soit informé, à l'avance, du revenu de son jardin? Il se trouve payé et au delà, s'il rencontre quelques fleurs dans ses plates-bandes, quelques fruits oubliés sur ses arbres, un peu d'ombre en été, un chaud rayon en automne. Il n'en demande pas davantage, il ne se plaint pas d'avoir été trompé par son vendeur. Ainsi pour les livres que nous lisons ou que nous écrivons.

Gloire ou revenu, question oiseuse! Une

heure d'oubli et de repos, et voilà des gens, poëte et lecteur, qui n'ont rien à réclamer de personne. On ne peut attendre des belles-lettres d'autre récompense qu'un peu de consolation et d'espérance, et si, par bonheur, les hommes et les esprits que j'aime se trouvent de moitié dans ma récompense, eh bien! je n'ai rien à demander à mon livre.

Il est écrit pour vous, mes amis, et je dirais volontiers de ces pages ce que disait Socrate de sa maison : « Fassent les dieux que de vrais amis elle soit remplie! » Quoi de plus? quoi de mieux? Je m'adresse à si peu de gens, et parmi les esprits délicats dont j'ambitionne le suffrage, je suis content s'il en vient une moitié dans les jardins habités par ma paresse. Une moitié, c'est trop; une vingtaine de lecteurs me suffisent; nous serons les uns pour les autres un assez grand théâtre, et si notre sécurité vient à soulever la haine et l'envie, eh bien! qu'elles se montrent tout à l'aise; elles nous trouveront prêts à les recevoir, retranchés dans le camp peu nombreux des bourgeois désintéressés et pacifiques, amis sincères de l'oisiveté studieuse et des lettres élégantes, se tenant toujours un peu en deçà de leurs ambitions les plus légitimes, et dédaigneux, au fond de l'âme, de ces bonheurs injustes auxquels on ne peut aspirer sans les demander à celui qui en dispose, et sans dépouiller celui qui les possède.

Honnêtes gens, et dont vous êtes un si parfait modèle! ils ont adopté pour leur usage personnel cette heureuse définition du bonheur dans une cité paisible : Un facile travail, une pauvreté contente, une joie ingénue et sérieuse, une patrie honorée, un ciel clément, des hommes et des dieux indulgents.

> Qui didicit patriæ, quid debeat et quid amicis.

Telle était la sagesse autrefois : Éviter ce honteux écueil, l'inertie, et cet écueil abominable, l'ambition en démence et tourmentant tout un peuple, afin d'obéir à ses vanités d'un instant. Cet homme qui dort au milieu des orages publics, et qui s'envieillit doucement dans sa paresse quand l'univers cherche un endroit où tomber, est un lâche qui nous fait pitié; il est mort, on peut écrire le *hic jacet* sur la muraille de son toit..... Mais que penser du misérable qui s'en va, la torche à la main et le paradoxe à la bouche, au milieu de toutes les haines qu'il attise et dont il a fait ses complices?

Entre la paresse coupable et l'agitation inutile — entre ces deux crimes — entre ces deux écueils, celui-là passe hardiment qui sait être vigilant à son heure, et commander à ses ambitions, non moins à ses colères. — Depuis longtemps déjà cette modération, mêlée à des tristesses et à des inquiétudes si légitimes, nous a profité, même dans les temps faciles, beaucoup plus, mille fois, que l'ambition n'a servi ses esclaves les plus dévoués, et ses plus fervents fanatiques. Comme, heureusement, nous n'avions pas, vous et moi, de grandes chances à courir, nous n'avons pas eu de grands périls à redouter ; nous n'avons été exposés qu'à ces maux et à ces biens vulgaires qui vont et qui viennent comme fait l'ombre sur le cadran solaire, et qui ne laissent guère plus de traces. Dans ces moments funestes où l'ambition était l'âme universelle de la France, nous nous mettions aux fenêtres pour voir passer la foule haletante dans le carrousel de la prospérité et de la fortune ; en revanche, la tempête et l'orage nous ont trouvés à l'abri de leurs coups, et nous sommes restés debout sur les ruines éparses de tant de grandeurs qu'un souffle a dispersées comme une paille inutile.

Allons ! disions-nous, voici le jour des désintéressés et des modestes. Hier encore à peine savait-on s'ils étaient de ce monde, aujourd'hui pas une force humaine ne peut toucher à leur fortune ; en vain les nations se lamentent, en vain les villes et les États menacent ruine, les grands périls auraient honte de s'attaquer à de si petits que nous. Allons, courage, un rayon d'espoir opposé à toutes ces ténèbres nous doit tirer, sains et saufs, de ce naufrage immense, et du ravage de tant de choses qui s'engloutissent et qui tombent. Pour nous, où est la peur, où est la menace? Est-ce que la foudre ardente va déchirer le ciel tout exprès pour nous écraser? Est-ce que le monde s'entr'ouvrirait pour nous engloutir?

Ce n'est pas nous que menace la comète errante dans les lieux attristés par la mort de César! Ce n'est pas sur nos tombes, au niveau du sol, que se feront entendre ces gémissements plaintifs! Il n'y a que les maîtres de cette société chancelante sous l'ivresse qui aient le droit de trembler sous les menaces de la terre et du ciel. Nous autres infimes, que risquons-nous à ces tempêtes? un gros rhume, tout au plus. — En fin de compte, si le tourbillon furieux dans lequel roulent incessamment les choses humaines, s'agite à nous donner le vertige, qu'avons-nous à y voir, et qui nous empêche de fermer les yeux?

Dis aliter visum! Nous l'avons contemplé

d'un regard attristé, mais calme, cet abîme appelant l'abîme, et après les premières terreurs, dont nous n'étions pas les maîtres, et dont nous sommes restés aussi honteux que si la peur nous eût pris de nous briser la tête, en passant dans la rue Saint-Jacques, aux sommets du Panthéon, nous sommes revenus, en toute hâte, à des sentiments plus humbles. Notre âme à peine calmée, nous avons repris le cours tranquille de nos modestes études de chaque jour, et dans le silence favorable, loin des tumultes de la rue et des menaces du carrefour, le soleil sur nos têtes, le club à nos pieds, qui nous eût vus, en pleine émeute, causer doucement de la royauté, de la croyance et des beaux arts, sous le double règne de Louis-le-Grand et de Bossuet [1].

Qui nous eût vus, un an plus tard, cherchant encore, à travers ces mêmes jardins de Versailles, la trace effacée et charmante du siècle passé, qui nous eût entendus et qui nous entendrait, même en ce moment, ne rêvant que des

[1] *La Religieuse de Toulouse*, publiée à pareille époque, en 1850.

plus belles passions du cœur humain, et des plus brillantes créations de la Majesté divine, celui-là certes ne se douterait guère qu'il a sous les yeux des vaincus de l'an de grâce 1848, qui n'ont jamais été les vainqueurs de rien et de personne. A la rigueur on pourra les envelopper dans la défaite suprême, ils sont prêts et préparés à tout ce qui peut venir, hors la victoire, elle n'est pas faite pour de si petits compagnons! Elle est réservée à ceux qui ont eu peur! elle attend les héros qui ont rendu leurs armes! elle aura des couronnes pour les têtes qui se sont inclinées! Mais que nous font à nous la victoire et ses caprices, tant que nous resterons fidèles à nos mépris, fidèles à nos amours, dans ce coin verdoyant d'une île déserte, le berceau d'Apollon, Délos, que le poëte nous montre immobile, à l'abri de l'orage et calme au milieu des flots en courroux?

Ile heureuse! et s'il la faut quitter demain, qui nous empêche d'y rester en repos aujourd'hui? Parmi tant de valets charmants, les plus aimables des hommes après leurs maîtres, que Marivaux, notre poëte, a lâchés dans le monde à la suite provocante de Lisette et de Marton, vous rappelez-vous maître Pierre? Il a perdu sa place et sa maîtresse, et il voudrait bien s'en affliger, mais là, s'en affliger *bellement*. « Et stapendant, dit-il, je me tiens l'esprit ferme, je travaille contre le chagrin, mais, morgué! quand j'entends geindre autour de moi, ça me gâte le courage, je me dis : Pierre, mon ami, tu ne prends point de souci, c'est que tu t'engeôles ; si tu faisais bien tu en prendrais. » Et finalement il se met à pleurer comme un veau.

Imitons, et n'imitons pas l'exemple de monsieur Pierre; n'imitons pas ceux qui *geignent* autour de nous, si nous ne voulons pas gâter notre courage; en revanche, engeôlons-nous de toutes nos forces, c'est le moyen d'oublier les malheurs passés, et de mépriser les malheurs à venir. Quant à moi, c'est justement pour vous *engeôler* et *bellement*, et pour *m'engeôler* de compagnie, que je vous ai fait, et que je me suis fait à moi-même ce conte léger en deux gros tomes. Je l'ai écrit avec joie, avec passion, avec la recherche et le zèle d'un huissier de l'hôtel de Rambouillet, quand régnaient les véritables précieuses, et en homme qui va sauter à pieds joints, bien au delà du feu d'artifice. Car enfin, disent les coquettes de profession, s'il n'y avait pas un brin de peine, où serait le plaisir?

Où donc aussi serait le grand mérite d'écrire un livre du bel esprit, si l'on se servait tout bonnement, et non pas tout *bellement*, de son esprit de tous les jours, dans une langue appauvrie, et gênée, et desséchée, où manquent, faute de recherche et d'art, le mouvement, la grâce et l'harmonie? A faire un livre (je l'avoue), il faut que je trouve mon compte, à savoir : la peine et le travail, la cadence et la recherche. Il me faut le tour, le détour et le contour. La singularité me convient, la subtilité ne me déplaît pas; l'excès est un écueil, un bel écueil. L'ornement est souvent un défaut. Un défaut rare et merveilleux.

Ils sont peu nombreux, on les compte, le savez-vous, les artistes qui vont au delà du but. C'est en vain que les maîtres nous disent : laissez respirer votre lecteur, songez à lui, non à vous; occupez-vous de sa peine et non pas de votre plaisir; méfiez-vous de ces ouvrages brillants, façonnés, éblouissants, où le rare et le raffiné, le bizarre et le merveilleux, effacent et écrasent ce qui est simple, aimable, touchant, naturel; méfiez-vous de Lucain, méfiez-vous de Marivaux....

Les maîtres prêchent dans le désert. Que diraient-ils à qui leur répondrait : Vous en parlez bien à votre aise, ô mes maîtres! mais j'ai beau lire le *Traité du Sublime*, il se trouve que je ne sais pas faire du sublime. Heureux suis-je encore, et trop heureux, de marcher de temps à autre dans les sentiers d'aubépine, à travers la campagne fleurie, quand la voie Appienne qui mène aux villes capitales, m'est défendue. Hélas, ne va pas qui veut à Corinthe, et le plus sage, c'est de ne pas tenter une entreprise inutile.

Celui-là qui aspire glorieusement à la palme immortelle, est réservé à des dangers que ne connaîtra jamais le rustique amateur qui s'en va au hasard, cueillant les fleurettes écloses le matin, qui seront desséchées le soir. Ne pas fatiguer son lecteur, c'est un bon conseil quand le lecteur doit revenir à votre livre; mais quand il n'y revient pas, et quand il est impossible qu'il y revienne, où est le mal qu'il se fatigue un peu à votre suite, et qu'il sente la gêne à son tour? Il peut même se faire qu'il vous sache gré de toutes ces ronces, à l'exemple de ces impotents qui vous remercient quand vous les avez traînés à quelque promenade inespérée. Enfin, c'est le droit de l'écrivain qui ne songe qu'à plaire un instant, de chercher avant tout la forme, le son, le bruit, la couleur, l'ornement, la prodigalité, l'excès.

L'écrivain futile, et je suis de ceux-là, que les grands prêtres de la littérature difficile ne sauraient convertir, je le comparais tout à l'heure au domestique d'une précieuse ; — il ressemble à ces huissiers des grandes maisons, chargés d'annoncer les dames et les seigneurs qui se présentent dans les salons de leurs maîtres ; ils font la sourde oreille aux petites gens, et ils leur donnent, sans pitié, les titres les plus célèbres et les noms les plus illustres. Ils savent très-bien que cette annonce est un mensonge et qu'elle humilie ceux qui en sont les victimes ; mais qu'y faire? ils songent à sauver l'honneur de la maison dont ils portent la livrée, et à ne pas chagriner, par des noms vulgaires, l'écho dédaigneux de ces demeures. Or, comprend-on que cette ruse innocente dans un domestique dévoué à ses maîtres, puisse devenir un crime dans la bouche d'un poëte dévoué à ses lecteurs?

Le poëte d'ailleurs ne saurait mentir, il ne peut pas se tromper, il a raison partout et toujours. Thalie est une Muse dans le poëme d'Homère ; Hésiode en a fait une Grâce; ils ont raison, Hésiode autant qu'Homère, et les Muses et les

Grâces, aux mains entrelacées, tiennent l'une à l'autre — telle la reconnaissance au bienfait.

Muses et Grâces, elles ont la même origine, elles habitent les mêmes hauteurs, elles frappent, d'une cadence égale, le gazon naissant aux premières clartés de la lune d'avril; plus jeunes que les Heures, elles les parent et les font oublier, et qui se tient à leur ombre sacrée, en vain la montagne chancelle sous les coups du cyclope, en vain gronde le volcan de flamme et de fumée, menaçant d'*arracher l'Hespérie aux flancs de la Sicile*, le silence est dans son âme, le calme est dans son cœur ; au plus fort de la tourmente et du bruit, il n'entend qu'idylles, élégies et poëmes bucoliques. Il ne voit que le monde idéal. Pour lui seul l'élysée et le calme univers accomplissent leurs révolutions pacifiques, au delà de la terre en proie aux barbares; il est libre, il est roi, il est poëte, il marche sur des bords fleuris, la joie au cœur, la houlette à la main; il répond à toutes les voix enivrées, à toutes les passions enivrantes; l'écho charmé redit sa pastorale amoureuse... et le voilà qui respire à son tour, l'air que vous avez respiré Muses de la Sicile, Muses de Virgile — les reines de son âme et les idoles de son cœur!

Hélas! tant d'ambition n'appartient pas, que je sache, à un futile écrivain de contes en l'air. La Sicile et ses douces collines sont bien loin de la Brie aux longues plaines monotones, Daphnis et Chloé n'ont rien à voir à mes bergers et à ma bergère. Des gens de notre sorte n'ont pas le droit d'invention, ils sont trop heureux si, de temps à autre, on leur permet de se souvenir et d'invoquer, çà et là, les poëtes d'autrefois. Aussi bien, ni l'or et l'argent attachés à l'ébène, unis à l'ivoire, qui resplendissent en tes demeures, opulent Calvisius, ni ta maison sur le territoire de Bayes, située aux pieds des villas de Pompée et de César, tes gardes du corps; ni ce lac..... ton lac, resplendissant nuit et jour sous la pourpre des barques remplies de femmes adultères, de joueuses de flûte et de chanteurs ; ni autour de cette maison où tu as poussé si loin l'art de vivre, au plus fort des proscriptions de Sylla et de Marius, maison bâtie dans la mer, entre ces larges vestibules pour te donner le soleil et pour te défendre contre ses ardeurs, et ce bois de platanes ouvert à tes rêveries, et dans ton canal revêtu de marbre, ce clair ruisseau, frais comme la neige, et ces tables, ces festins, ces tableaux, ces licteurs qui précèdent ta litière, entourée de clients nombreux ; même ces trois mille esclaves, l'armée et le danger de ta fortune, ne m'ont pas donné un moment d'envie.

Eh ! je m'estimerais trop heureux si je possédais quelque jour, ces esclaves hors de prix, qui te récitent, à ton ordre, celui-ci l'*Iliade*, celui-là l'*Odyssée*,— et ce troisième qui sait par cœur Euripide et Sophocle, et qui te sert à ton lever, ces grands reliefs des festins d'Homère,— et celui-là que tu appelles d'un nom sacré : le vieil Eschyle ! et ton Démosthène aux cheveux blanchis, qui tient à tes ordres cette passion véhémente qui était l'âme de son discours. Je te loue aussi de ces neuf jeunes têtes couronnées du laurier d'Apollon, ces beaux fronts où sont contenues les odes des neuf poëtes lyriques : Sapho, Stésichore, Alcée et Pindare, et leurs frères, et leurs sœurs en *Polymnie*. Ah! voilà ce que j'envie à ta fortune; et si j'étais comme toi, le maître absolu de ces odes vivantes, avec quel empressement je leur demanderais le secret des saines paroles qui réunissent l'homme à Dieu, la terre au ciel!

Oui, et lorsque j'aurais répandu à profusion, sur ces pages inertes, la vie ardente des poëtes de l'amour, je me contenterais, pour ma récompense, d'être placé au premier rang des écrivains du second ordre, des improvisateurs de chaque jour; on dirait, voyant mes livres entourés d'une auréole d'emprunt : « En voilà un du moins qui, dans les plus mauvais jours du nouveau siècle, avait conservé le zèle, le dévouement et l'ardeur des vrais écrivains, et qui remplaçait, par un travail assidu, l'imagination et l'invention qui lui manquaient. Les plus rares qualités du roman et du drame, à savoir : l'esprit, la gaîté, la tendresse, l'imprévu, le mouvement des personnages secondaires, le dialogue qui est la grâce et la vraisemblance de ces œuvres ingénieuses, avaient été refusées à ce laborieux amoureux de la forme et de la couleur ; il le savait, et ce fut pourquoi il poussait à l'excès cette passion du beau langage dont il s'enivrait en son âge mûr, comme autrefois de vin d'Aï dans la coupe d'or de ses vingt ans.

On dira aussi (je l'espère) : il aimait son art avec une passion dont rien ne pouvait le distraire ; il eût donné toute l'école des économistes, ces affreux crocodiles, disait M. Necker, pour une fable de La Fontaine, toutes les révolutions françaises et étrangères pour une page de Bossuet ; et même à l'heure où se faisaient entendre au plus haut des cieux épouvantés, les trois foudres d'admonition : la foudre de conseil, la foudre d'autorité, la foudre d'État, il s'est mis à raconter, à qui voulait l'entendre, un conte amoureux de sa fantaisie. Ainsi parleront les bienveillants qui savent gré de toutes choses, qui tiennent compte à celui-ci de sa vie, à celui-là de sa mort. Les bienveillants portent envie à la mort d'Archimède. Il était plongé dans sa méditation infinie, un soldat lui demande son nom, et sans attendre la réponse, il tue à l'instant même ce bonhomme que le vainqueur voulait épargner.

Quant aux austères, je sais bien ce que diront les austères, du présent livre. « Ah! disent-ils, quelle œuvre étrange, et par quel mensonge impossible l'auteur a-t-il cousu le lambeau de pourpre au morceau de bure, Homère à Crébillon fils, Pindare à Piron, Horace à l'abbé de Voisenon? De ces diverses couleurs, jetées au hasard sur une palette bruyante, quel bon tableau pouvait sortir? C'est un vrai livre de la décadence, n'en parlons plus. »

Ainsi parlent les difficiles, mes victimes, et

je suis de leur avis, absolument. Certes, j'ai fait un livre de la décadence, mais à la fin du monde français quel livre voulez-vous qu'on fasse, et pourrais-je donc, empruntant à cette époque aux mille couleurs, ses costumes, ses habits et ses mœurs, ne pas lui emprunter son allure, son langage, son patois, l'accent criard et l'esprit dépravé de tant de petits livres qui charmaient les dernières heures de cette oisiveté, et de ce siècle réservé à des enfantements énormes? En effet, j'ai remué cette poussière à l'ambre; j'ai fouillé dans cet ossuaire à l'iris ; j'ai interrogé ces têtes de morts encore attifées à la dernière mode de l'hôtel de Soubise; j'ai réveillé ces licences assoupies, j'ai fait revivre, en ces pages pailletées, cette langue éperdue, et perdue au fond des abîmes; une langue sans honneur, puisqu'elle est morte, une grâce tournée en honte, s'il est vrai que cette grâce ait péri. O siècle dépravé, qu'as-tu fait de ta grâce vivace et de l'honneur impérissable de ton discours!—O grammaire éloquente! qu'est devenue l'immortalité que te promettait l'Art poétique, ô parole éternelle, qui devais survivre à ces agitations d'un jour !

..... Mortalia facta peribunt
Nec dum sermonum stet honos et gratia vivax !

Et tant de périls et tant de soins, pour arriver à ce calque infatigable d'une image autrefois adorée, aujourd'hui en plein mépris ! — Et pourquoi faire et quel sera le résultat de ces obscurs et puérils travaux ? « Rassurez-vous, disait un philosophe à un philosophe de ses amis, votre peine ne sera pas perdue, vous avez appris toutes ces choses, pour vous-même. »

On n'est donc pas forcé de répondre à tous les *pourquoi*? des faiseurs de questions. Pourquoi ce conte-ci et non pas un autre? Pourquoi la papesse Jeanne est-elle accouchée d'un papillon ? Pourquoi, de tant de machines, (comme Archimède est dépassé !) la langue est-elle la plus laborieuse de toutes, et de toutes la plus superbe? Pourquoi la beauté elle-même, la beauté ! est-elle assujettie à la mode, ce tyran de la passion et de la gloire? Pourquoi le roi Louis XV eût-il préféré madame de Pompadour à la Vénus de Milo, et pourquoi la princesse de Bouillon eût-elle mis l'Apollon à la porte, afin de mieux recevoir le maréchal de Saxe? Ah! le *pourquoi*, qui le sait? eût dit l'alcade. Un homme demandait sa main à une jeune fille de beaucoup d'esprit, et cet homme vantait son nom, ses alliances, ses honneurs, son patrimoine. « Je veux une prompte réponse, disait-il à la dame. — Bien, lui dit-elle, marchez. » Il fit un pas, il en fit deux. — « C'est assez, monseigneur, vous êtes parti du mauvais pied..... touchez là, vous n'aurez pas ma main. » Elle épousa un autre homme qui était parti du bon pied.

Commencer... en toutes choses, voilà l'affaire! Le commencement dépend de nous; la fin, c'est la fortune qui en décide. Je le sais, et comme je voulais, à tout prix, être vrai dans la reproduction de ce mensonge en falbalas qui a été le dernier mot de notre histoire, il m'a paru que je devais copier même le geste, et même l'accent de ce commencement de la fin du monde, à l'heure où Versailles était un vaste boudoir, à l'heure où c'était une louange à faire aux mousquetaires et aux duchesses : Votre fard est bien placé, chevalier ; vos paniers sont de la bonne faiseuse, madame la duchesse ! D'un livre rempli de ces mignardises, pourvu que ce livre fût consacré à raconter ces héros, au cœur aussi fardé que le visage, je voudrais être l'auteur, et je m'en ferais gloire, à coup sûr, non pas certes en des temps calmes et pacifiques, mais aux temps où nous vivons, sous le nuage, entre la tempête qui gronde et l'orage qui menace, et quand tous les barbarismes, tous les accents et tous les patois de nos diverses provinces sont incessamment déchaînés à la tribune, envahie, ô profanation ! par le charabia universel. Il semble alors qu'en ces désastres, et au milieu de ces insultes parties de si bas, contre l'objet enivrant de nos respects les plus profonds et les plus sincères : le beau langage, les négligences de tous se doivent racheter par l'étude et les déférences de quelques-uns, et que ces affreux petits Mirabeaux de village, écourtés chez les maîtres d'école, obligent à des efforts surhumains les plumes intelligentes qui obéissent encore à la tradition et à l'exemple des maîtres en l'art d'écrire.

Il en est du langage d'un grand peuple comme de la femme de ce Romain qui ne doit pas même être soupçonnée; une langue déshonorée est bien près de sa ruine; d'abord elle perd l'attrait, l'énergie et la consistance dont l'avaient ornée, à force de génie et de bon sens, tant d'âmes justes et fermes, tant d'esprits droits et éclairés; bientôt après ses premiers désastres, tombent sur les œuvres récentes de cette langue insultée, ces ténèbres, si profondes que les yeux qui s'y habituent finissent par voir trouble au grand jour.

La peur est le grand fléau de l'art de penser et d'écrire; c'est la peur qui a déshonoré les plus belles langues que le génie humain eût fécondées de son souffle; c'est la peur qui les a livrées à la barbarie. Elle donne, au mensonge même, l'aspect de la vérité; elle prend le parti de la laideur contre la beauté; elle laisse le bon pour aller au mauvais; elle ne pense pas, elle rêve; elle ne parle pas, elle jase; elle n'écrit pas, elle improvise; elle confond et elle dénature tout ce qu'elle touche; elle s'adresse aux têtes exaltées, elle flatte les cœurs corrompus, elle amuse les âmes perverses. Où va-t-elle? elle l'ignore. Si elle rit, si elle pleure, elle pleure et elle rit de mauvaise grâce, on voit que c'est tantôt la gaîté et tantôt la douleur qui lui manque; elle est infidèle à ses amitiés, elle est infidèle à ses haines, elle ne tient ni à ses aversions, ni à ses espérances, elle prend le bruit pour le succès, le hurlement pour le génie; elle confond le crime et la gloire, elle change l'échafaud en autel; elle va prendre l'embonpoint blafard d'une parole énervée et sans frein pour la santé vigoureuse et pour les muscles de l'éloquence; elle est venue à bout, inerte et pâle, des plus grands esprits et des chefs-d'œuvre les plus rares. Il la faudrait haïr et détester comme le fléau des arts et du génie, quand bien même elle ne serait pas la honte et le déshonneur des nations.

A ces causes, on croirait que ce fût justice de se montrer indulgent aux artistes courageux et hardis qui portent toutes les chaleurs du jour, à l'heure où les nonchalants et les timides marchent, avec tant de prudence et des précautions infinies, dans le sentier glissant des événements et du sort, que c'est à peine si celui-ci est parti, quand celui-là a dépassé le but.

Le but de ce livre, j'ai grand peur de l'avoir dépassé, maintenant que, mon conte achevé, le sang-froid m'est revenu, et que je me rappelle certains passages de mon idylle mouchetée, et animée du vif coloris des poésies légères et de l'incarnat des chansons bachiques. Qu'ai-je fait? je n'en sais rien, vous l'allez voir; il me semble pourtant que ce sera grand bonheur et grand hasard si l'on ne dit pas, nous voyant passer, vous et moi, bras dessus, bras dessous, entre ces buissons, au bruit de ces eaux, aux murmures de ces bois indiscrets :

Ah! ah! voilà deux compères bien hardis qui s'en reviennent, en plein jour, du temple de Gnide, aussi peu inquiets de leur pélerinage que s'ils étaient, en effet, celui-ci M. le président de Montesquieu, celui-là son digne confrère, M. le président Desbrosses. — Voilà une paire d'amis, s'écrie un brave homme, et qui m'ont tout l'air d'user de la *permission de dix heures*. — Et qui n'étaient guère en âge de la demander, ajoute une vieille dame qui revient du sermon, la tête haute, et la *Journée du Chrétien* sous le bras. Bref, chacun nous dit... un peu plus que nos vérités, à vous et à moi votre mauvais génie ; et vraiment, je me demande, oyant ces méchants compliments, si j'ai le droit de vous compromettre en mes chants bucoliques, vous qui avez charge d'âmes. Est-ce que jamais Corydon ou Ménalque, bergers sages et prudents, sont revenus du bois de Boulogne en compagnie de Mœvius ?

C'était donc pour vous *engeôler* au commencement de cette épître dédicatoire, mais amicale, que j'enveloppais mon conte d'été dans la robe de l'alcade, et si cette garantie ne vous suffit pas, dites un mot, mon maître, et ne faisons pas la petite bouche, on vous trouvera une autre garantie. Nous ne manquons pas, Dieu merci, de ces *prédicateurs du serpent* qui savent par cœur toutes sortes d'histoires d'amour, les plus vraies et les plus charmantes. Eh! n'est-ce pas là, au bout du compte, l'histoire éternelle de cet univers changeant et passager? Un pape (est-ce assez pour vous convaincre, et trouverez-vous une autorité plus respectable, à moins de la chercher dans le bouillant Properce ou le docte Catulle?), un pape donc, le plus imprudent et le plus bienveillant de tous les princes qui se soient assis sur le trône de saint Pierre (avant le pape Pie IX, demandez à lord Palmerston!), Benoît XIV, déjà compromis par

Voltaire qui lui dédiait *Mahomet*, comme le cardinal Albani lui parlait, non sans inquiétude, des projets d'une certaine secte.—Y fait-on l'amour, lui demanda le pontife. — Non, Saint-Père. — Eh bien, mon frère, soyez en repos, votre secte n'ira pas loin.

Ce que disait Benoît XIV pour une hérésie, à plus forte raison le peut-on dire pour les livres. — Y fait-on l'amour, le livre est réservé aux plus longues destinées, et parfois, le livre est immortel, de Sapho à Lamartine, de l'Arioste à Béranger. Et maintenant que voilà mon ouverture à peu près achevée, arrivons ou plutôt revenons, comme c'est le fait de tout bachelier ès-musique, au thème principal de l'opéra léger que nous aurons l'honneur de représenter devant vous.

Notre exemple est tiré d'animaux plus petits.

Un homme avait perdu son âne; les bohémiens l'avaient volé pour en faire un cheval savant; l'homme, qui tenait beaucoup à sa bête, la fit crier par le juré-crieur public de son endroit : *Bonne récompense à qui aura trouvé tel baudet gris, orné de blanc.* Ce cri fit grand bruit dans toutes les campagnes d'alentour.

Cependant maître baudet ne se retrouvait pas, et notre crieur découragé criait dans le désert. L'âne est perdu, disait-il au manant, j'y renonce. — Peut-être! disait l'homme au baudet; prenez courage; attendez au dimanche, et criez-moi ça d'une voix de stentor; et si, par bonheur, j'ai mon âne, eh bien! vous aurez deux poulets gras. Qui fut animé à bien crier? ce fut le crieur, et Dieu sait s'il attendit impatiemment le dimanche aux poulets. Le dimanche arrive enfin; hommes, femmes, enfants, vieillards, chacun se rend à la messe, et, la messe chantée, on sort de l'église, et voilà tout ce monde, en ses habits de fête, qui s'arrête sur la grand'place, où déjà s'apprête le bal, pour le soir.

Un vigoureux roulement de tambour annonça un appel au peuple, et chacun de prêter une oreille attentive. On eût dit (tant le peuple était rarement interrogé en ces temps heureux!) d'une proclamation de l'empereur Charles-Quint.

Le crieur était monté sur un tonneau, et de sa voix tonnante :

« Écoutez, bonnes gens, dit-il, et répondez. Que chacun descende au fond de son âme, et que celui-là d'entre vous qui n'a pas été amoureux, au moins une fois dans sa vie, ici même, le vienne dire à haute et intelligible voix, on lui donnera un agneau de six mois, pour sa peine et pour son vin. »

A cet étrange appel, l'assemblée entière répond par un murmure indigné. Pour qui les prenait-on, je vous prie? Jean regardait Jeanne et Jeanne regardait Pierre, et chaque visage, beau ou laid, jeune ou vieux, donnait un démenti à la question du crieur. Lui, cependant, impassible, se mit à crier pour la seconde fois : « Qui de vous, bonnes gens.... » et les clameurs redoublèrent. Il y revint jusqu'à trois fois. A la troisième répondit une huée. — Ah! se disait le maître de l'âne, au moins mons crieur ne tâtera de mes deux poulets que d'une dent.

Or, vous saurez qu'à l'angle de cette place, au pied d'un mur croulant, où se déposaient chaque soir les immondices de la journée, un certain garçon qui était le digne commencement d'un fripon et d'un gueux, tant il était paresseux et lâche, était étendu, comme une masse, au grand soleil. Il pouvait bien avoir vingt-deux ans, mal venus et bien comptés; chevelu, ébouriffé, peu lavé, refait et contrefait, le voilà! Un vrai coquin lourd et pataud, vêtu d'une longue jaquette à l'enfant; la jaquette se laçait par derrière, bon! ajoutez un caleçon de Frise, blanchâtre, une chemise en coton écru, bien! une tartelette ombrageait cette tête immonde; un bas de cuir de vache s'enroulait par une ficelle, à ce genou cagneux, très-bien! Rien n'était d'ensemble chez ce gueux-là, ni les mains, ni les pieds, ni les yeux; une façon de sourire édenté se dessinait en gros plis, sur sa joue hébétée et pendante; c'était un vrai *enfant de lait*, pour tout dire. Au troisième appel, il ouvrit définitivement la bouche et les yeux : « Puisque c'est comme ça, dit-il, et qu'on me baillera un agneau pour mon vin, baille-le moi, compère, car je n'ai jamais été amoureux, ni peu, ni prou..., jamais ! » Il parlait en bâillant, il bâillait en parlant; à sa voix somnolente on comprenait qu'il ne mentait pas. Soudain vous eussiez vu hommes et femmes s'éloigner en grande horreur et grand dégoût de ce pestiféré.

Ici le tambour battit de nouveau, et le crieur provoquant le maître du baudet perdu, et désignant du doigt l'homme à la jaquette. — Antoine Béracal, donnez-moi les deux poulets.... voilà votre âne.

Allons, j'ai beau prendre le plus long chemin, voici mon livre. Acceptez cependant, mon cher Menière, ce souvenir d'un homme qui vous aime, qui a trouvé près de vous l'ami et l'amitié, un ami constant, une amitié fidèle, bon au conseil, bonne à l'action.

Eh! que de fois, vous et moi, n'avons-nous pas eu d'autre force et d'autre espérance que nous-mêmes! Que de fois avons-nous répété, l'un l'autre, ces vers charmants de notre poëte favori :

Cantantes licet usque (minus via lædet) eamus.
Chantons, et que nos chants abrégent le chemin!

Mai, 1851.

LES

GAITÉS CHAMPÊTRES

LES

GAITÉS CHAMPÊTRES

CHAPITRE PREMIER.

LA BALANCE D'OR.

A la fin du dernier siècle, un peu avant l'heure suprême, et les premières tempêtes, dans cette ville de Paris, qui est la tête du monde, et qui pour ses faubourgs, daigne accepter le reste de l'univers, grandissait, à la grace de Dieu, et dans une boutique de la rue Saint-Denis, une belle et élégante fille, affligée, ou peu s'en faut, de dix-sept à dix-huit ans, et qui commençait, avec bien de la jeunesse sur le visage et dans l'esprit, à prendre ses lettres de maîtrise dans le grand art de se bâtir (une fille est une espèce de solitaire et de songe creux) mille châteaux dans les Espagnes imaginaires. La boutique de mercerie, *en gros*, disait l'enseigne à demi effacée par l'intempérie des saisons, était placée, de temps immémorial (c'était une façon de parler en ces temps-là) sous le signe un peu terni de la *Balance d'or;* mais si l'enseigne était vieille, le crédit était grand.

Dans cette maison *respectable* (c'est un mot d'aujourd'hui), l'élégance et la richesse du costume étaient encore à l'état brut; on y vendait une pièce de soie, de linon ou de rubans, mais c'était tout; la grâce et la façon de ces rubans, de ces étoffes leur venaient de plus haut. C'était en ce lieu que les faiseurs d'habits, les brodeuses, les ciseaux célèbres et les aiguilles illustres venaient, comme on dit, tailler en plein drap. Pas un petit maître en exercice, pas une coquette à son zénith, ne se fût douté, non certes, que tant de frêles bagatelles, l'ornement précieux de Paris et de Versailles : ces poufs, ces mouchoirs, ces gazes, ces bonnets, ces ceintures, ces falbalas, ces nœuds d'épaule et ces nœuds d'épée, belles choses admirées, aimées, fêtées, rêvées, qui se marient avec tant de grâce et d'éclat aux belles tailles, aux beaux visages, au feu du regard, aux feux des diamants, ce vent tissu par les génies de l'Orient, sur lequel les fées de l'Occident ont jeté les fleurs et les fleurettes de leur couronne, cette mode, le plus magnifique et le plus frêle ouvrage qui sorte éternellement de la main des femmes, si bien faites pour vous juger et vous contempler, chefs-d'œuvre d'un jour, toutes ces merveilles fussent enfouies, en bloc, dans l'étroit magasin de la Balance d'or.

Que de richesses dignes d'envie, en effet ! Mais pour qu'une fille ignorante et sage en fût possédée, il fallait attendre que ce velours *en gros* fût coupé et ajusté en détail; que toutes ces belles choses, façonnées à loisir, eussent passé à l'état de parure et d'ornement; quand le galon fixé à sa place légitime par tant d'aiguilles diligentes, relève, en se jouant, l'épée et l'habit du gentilhomme; quand une coupe habile a changé en manteaux de cour ces riches satins, aux antiques armoiries; quand la broderie et la dentelle, et la grâce flottante de ces parures, amies de la beauté et du caprice, se trouvent relevées par les grâces naturelles de la personne qui les porte.

A peine si la belle fille qui était née sous le signe de la *Balance* se doutait de ces transformations. Elle n'avait jamais songé que ces magnificences seraient un jour arrangées à son usage, et jamais elle n'avait été jalouse du tailleur ou de la modiste qui faisaient chez elle leurs emplettes; elle était vêtue à moins de frais, et vêtue à ravir, tant sa simplicité était arrangée avec un goût charmant. Sa robe d'étamine légère était tirée à quatre épingles; pas un pli ne dépassait l'autre, et tout l'ensemble faisait valoir la finesse et la blancheur de ce beau linge.

En ce logis, le calme était grand, l'argent même se taisait, on y respirait comme une vapeur de sommeil et d'ennui. Le moyen de songer aux vanités de la jeunesse! On songeait à vendre et à bien vendre, et la chose vendue, on n'y pensait guère. Ainsi le luthier livre à qui l'achète, son téorbe ingénu sans savoir quelle main inhabile ou savante va tirer de l'instrument docile des grincements ou des chansons. Ainsi le marchand vend au premier venu une rame de papier sans que l'on puisse dire : Voilà une tragédie, un drame, une histoire, une ode, un conte d'enfant! Ainsi Louison à son comptoir, aunait de ses belles mains indifférentes ces mousselines de Tarare à fleurs d'argent, et ces brocarts de Lyon, sans se demander : Pourquoi faire? Cette belle créature dominait de toute sa hauteur, les vulgaires soucis de cette beauté dont elle se doutait à peine, et des passions qu'elle ignorait encore.

Elle avait d'ailleurs, de quoi se passer et au delà, de tous les affiquets de la *Balance d'or*. — Elle avait l'air brillant et modeste, le regard honnête et vif, des yeux qui ne savaient rien et qui disaient..... tout. Les lèvres du plus bel incarnat, la démarche aisée, la bouche un peu grande, mais les dents d'un éclat! Jeunesse relevée de santé, de vivacité et de fraîcheur. Sa démarche faisait pressentir les allures et les transparences de ces majestés de la fable qui commandent aux saisons; elle sentait son printemps d'une lieue, et rien qu'à la voir élancée et épanouie, sous ces voûtes, le mois de mai se fût prosterné, à ses pieds, en l'adorant.

Les bonnes gens qui s'étonnaient de voir une fille si bien faite assise en ce comptoir, comme une naïade aux bords de l'Illissus, affirmaient qu'elle était née, et bien demoiselle, et que son père, monsieur Bernard, l'avait ramassée un beau jour sous les arbres de la forêt de Saint-Germain. Les plus malins, la trouvant faite comme une riche héritière, affirmaient qu'elle était, pardieu! la fille de sa mère, mais c'était tout; la mère était partie, un matin, loin de son mari, loin du comptoir, loin de sa fille, hélas! car ces bons pères de philosophes, pour qui Vincent de Paul a tant et tant travaillé, n'avaient pas encore démontré dans leurs livres paternels, la nécessité de laisser un pauvre enfant rivé à ces belles gorges sans lait et sans gloire, bonnes pour la montre, inutiles au nourrisson affamé. La petite fille avait été tout bonnement confiée à une forte et rustique mamelle, Ainsi la mère était partie, et qui pis est, le père était resté.

Ce père, veuf avant l'heure, était un bonhomme ou quelque chose d'approchant; — après le point fixe auquel il était attaché, — l'argent, il n'aimait rien tant que sa fille; eh! il aimait bien son argent, il tenait plus qu'on ne saurait croire, à cette fameuse *poire pour la soif,* enfermée en son coffre-fort; poire *d'angoisses* qui a fait souffrir la faim et la soif à tant de fils de famille, qui a condamné au célibat tant de filles de bonne maison.

Il disait — que rien n'était solide ici-bas, — que Thèbes était tombée, et Perséoplis, et Carthage, et Palmyre; — que le père Lavalette avait fait banqueroute, et que dernièrement quarante-cinq mille personnes, et juste ciel! deux milliards de bel argent, avaient disparu dans le tremblement de terre de Lisbonne, et qu'ainsi il n'était pas sûr de ne pas manquer de tout en sa vieillesse. Avare, il était méfiant, chagrin, rampant, laborieux, pédant, dévot et marguillier prédestiné de sa paroisse, tout comme M. le duc de Choiseul à Saint-Roch, M. de Voltaire, comte de Ferney, à Ferney, et monseigneur Timoléon Cossé, duc de Brissac, marguillier d'honneur à Saint-Sulpice. Il n'avait pas d'ambition plus prochaine, marguillier; et puis marier sa fille sans dot. Heureusement qu'elle n'eût pas été reçue au couvent, sans dot.

Ce qu'il avait fait de plus sage en tout ceci, c'était, la mère oubliée et partie on ne sait où, d'abandonner sa fille à ses bons instincts, et puisque, tôt ou tard, ainsi va le monde, elle est destinée à tomber dans les précipices du monde, eh bien! mieux vaut encore y tomber ce matin, que ce soir. Est-ce donc, après tout, pour se claquemurer à la belle pointe de son bel âge, dans un comptoir, et pour broder au tambour, que furent prêtés aux belles, ces dons célestes : santé, innocence, beauté, jeunesse, et ce serait bien la peine, ma foi! pour gagner à la pointe de l'aiguille, une trentaine de sous par jour.

La Précaution inutile, c'était un proverbe ; les *Surprises de l'amour*, c'était une comédie, et quand même Louisette-Louison (l'un et l'autre se disait volontiers) eût été, dès le berceau, entourée et défendue des remparts et des insignes qui protégeaient Minerve elle-même : le casque, l'armure, et le hibou, avouez que le diable — et les enfants de Paris — en savent long. Maître Satan a du beau bien au soleil, il savait son métier avant le déluge, et il l'a diablement perfectionné avec l'aide des hommes, et des femmes donc.

Ce Parisien, dans un moment de raillerie et de bonne humeur, ne s'était-il pas avisé de poser, justement au-dessus de la *Balance d'or*, emblème parlant de la Justice, la boutique..... pardon! l'étude bruyante de maître Brouillon de Joux, procureur au parlement. Maître Brouillon s'appelait d'abord de son nom patronimique, Louis-Henri-Gaspard Brouillon, sans plus, Brouillon tout sec et tout court. Mais, à l'exemple de nosseigneurs du parlement, de messieurs de la cour des aides, de messieurs les avocats et de messieurs ses confrères les procureurs, qui ajoutaient facilement la particule *de* au nom patronimique, maître Brouillon, encouragé par tant de grands exemples, avait franchi le pas difficile et s'était appelé : Brouillon *de* Joux un beau matin, et la chose lui avait réussi comme à messieurs les conseillers Clément *d'*Etayes, ou Clément *de* Bavette, ou Clément *de* Signeroles, comme à messieurs les avocats : Le Prestre *de* la Mothe, Garisson *de* la Tour, Taillière *de* l'Étang, Godard *de* Sergi ; même et depuis longtemps cette rage de noblesse était passée au rang d'une chose jugée, dans les rangs de messieurs les procureurs de la cour : Pelletier *de* Billy, Coëffé *du* Boulay, Piedfort *de* Senlis. Va donc pour Brouillon *de* Joux, va donc pour Louisette-Louison.

Avec ces deux noms, maître Brouillon de Joux (même on commençait à dire : de Joux sans plus) suivait d'un pas ferme et diligent le sentier que ses pères lui avaient indiqué, le sentier des petites affaires et des grandes fortunes ; il avait agrandi dans ses faits et gestes, l'école du praticien romain connu de Martial, qui employait les mots les plus pompeux pour parler des choses les plus infimes, et qui s'en trouvait bien. Une fois dans le chemin de traverse, notre homme allait droit son chemin, sans perdre de vue les commandements de Dieu et les volontés de monsieur le premier président, messire Etienne-François d'Aligre, commandeur des ordres du roi et conseiller en ses conseils. Je ne sais même pas si, dans les espérances et dans les terreurs de maître Brouillon de Joux, monsieur le premier président ne passait pas un peu avant Dieu le père, et monsieur l'avocat général du roi avant Dieu le fils.

L'enfer pour lui, c'eût été d'être attaché aux mercuriales, et quand, par hasard, maître Brouillon voulait se représenter le paradis dans son ensemble, anges, archanges, trônes, dominations, l'échelle entière des puissances qui relient la terre au ciel, il fermait, tout grands, ses petits yeux, et il évoquait la plus belle rose de France, *pulchrior rosa quæ sit in Francia*, c'est-à-dire le parlement, *toutes les chambres assemblées*, sous l'omnipotence immaculée de nosseigneurs le chancelier et le garde des sceaux. En ces moments trop rares d'enthousiasme et de poésie, maître de Joux voyait éclater soudain, sous la pourpre et sous l'hermine, cet auguste sénat de Paris pour lequel il n'eût pas changé la contemplation des chœurs célestes dans toute leur gloire. Mais que d'études et de zèle, et de travaux, avant que d'arriver à toucher du front, les bases de ce Sinaï!

Il avait étudié, nuit et jour, comme s'il s'était appelé d'Aguesseau, le droit romain, le droit allemand, le droit français, les deux cents coutumes, les ordonnances des rois, les arrêts du conseil, les règlements de police, et surtout il avait appris la pratique, sans laquelle tout le reste n'est qu'un diamant brut; ainsi il était devenu le plus habile praticien du royaume, et une fois ancré dans sa charge et dans l'estime publique, il arriva à modifier d'une façon ingénieuse et très-honorable, l'article 2, titre XIV de l'ordonnance de 1667, qui proscrit l'usage des dipliques, tripliques, additions, affectation de caractères, requêtes prestatoires et autres épices qui donnaient un si haut goût aux festins de dame justice, en ces temps reculés.

En vain l'article 13 du titre XXXI de l'ordonnance de 1667 a-t-il taxé le procureur opposant et le procureur poursuivant, cette sage ordonnance qui a valu une médaille au roi Louis le Grand, avec cet exergue : *Litibus imponenda celeritas*, ce qui veut dire en bon latin : *Hâtez-vous, hommes de loi!* ne trouva pas tout à fait grâce en l'étude et dans l'esprit de maître Brouillon de Joux ; au contraire, fit-il servir cette royale ordonnance à un nouveau commentaire de ce paragraphe du Digeste : *De acquirenda possessione*, c'est-à-dire : de l'art de devenir propriétaire en peu de temps. Le roi Louis XIV en parlait bien à son aise : *Hâtez-vous!* Que serait devenu, sans les vacations, le pain de la robe subalterne? Au reste, maître de Joux était d'accord en cela avec les plus grands et les plus petits officiers de la justice : avocats, conseillers, présidents, maîtres des requêtes, intendants. *Gens de loi, hâtez-vous*, disait la médaille, et en toute hâte le parlement avait prononcé sept cent quatre-vingt-cinq arrêts, de l'an de grâce 1607 à l'année de grâce 1642!

Hâtez-vous lentement, quelque ordre qui vous presse.

C'est encore une citation que nous empruntons à notre digne procureur, car il était lettré, beau et agréable parleur, et dans ses moments de loisir s'étendant volontiers sur la coudrette fleurie des sentences du droit romain : *Florilegium sententiarum juris*. Il avait toujours à la bouche quelque vieux dicton qui lui donnait bonne contenance. On lui parlait, par exemple, du parlement de Toulouse ; il disait en soupirant : Rigueur de Toulouse, humanité de Bordeaux, miséricorde de Rouen, justice de Paris ! Il fallait le voir et l'entendre aux jours de fête, en ses moments de bonne humeur, après boire, quand sa femme endormie, et son maître clerc attentif, il s'abandonnait à toute la jovialité d'un bon homme qui ne se sent pas troublé, tant s'en faut, par les cris de la veuve et les pleurs de l'orphelin.

En ces moments heureux, et trop courts pour lui et pour ses clients, disparaissait l'homme à la gueule de fer, au ventre de fourmi, de petite dépense, d'un esprit mince et d'un cœur rétréci, réalisant ainsi, sans le savoir l'idéal du praticien tel que l'entendait l'esprit de corps; vous n'aviez plus sous les yeux, qu'un bel esprit qui n'épargnait personne et qui soumettait *Messieurs* eux-mêmes, à la juridiction basochiale. Il trouvait, par exemple, une des plus grandes hardiesses de la haute robe, le marbre récent sur lequel était écrit : *Hôtel de Nesmond*. Mais plus la chose était hardie, et plus elle avait l'approbation de maître de Joux. Il trouvait (affaire de rire et de plaisanter, cette fois!) que messire Pierre-Paul Gilbert de Voisins, si bien portant, avait tort d'habiter rue d'Enfer-Saint-Michel, vis-à-vis les Chartreux; que messire Armand-Guillaume-François de Gourgue était au contraire parfaitement logé dans la rue Percée. Cela lui plaisait de savoir messire Louis Portail rue de la Planche, messire Goujon de Thuisy au Pont-Neuf, messire Perdreau de Lataignant au Pont aux Choux. Il n'avait pas d'autre bonheur que de faire remarquer le hasard qui faisait de M. Pot d'Auteuil, le voisin de M. le Vacher et de M. Radix, pendant que M. Lefèvre d'Ormesson de Noiseau était à la chambre des requêtes, le camarade de M. Camus de Pontcarré.

C'était là sa science et ses plaisirs; il savait sur le bout de son doigt, la chambre de la marée, le bailliage du palais, la chambre des comptes dans laquelle M. le Vin de Fontenay suivait M. Pain de Chavaudan; il n'eût pas confondu, même un jour de mardi gras, un conseiller-maître avec un conseiller-correcteur; un contrôleur du greffe avec un contrôleur général des recettes et des bons d'État du conseil; vous lui eussiez demandé : Qui donc a remplacé maître Hardi ? Il vous eût répondu hardiment : Maître Denizart. Il vivait ainsi et se complaisait en toutes ces poussières, aussi fier de promener sa robe noire dans les Pas-Perdus, que M. de Clermont-Tonnerre lorsqu'il préside le tribunal des maréchaux de France, assis entre M. le duc de Richelieu et M. le duc de Biron.

Tel était le maître et souverain de l'étude, ou si vous aimez mieux, de l'antre situé entre les deux plateaux de la balance, et Dieu sait le parchemin, le papier, l'encre et le griffonnage de la petite vertu qui se débitaient en ce lieu de plaisance. On eût dit le rendez-vous et le Capharnaum, on dirait aujourd'hui *le concile*, de toutes les chicanes et de toutes les convoitises. Ils étaient là, en effet, sous prétexte d'apprendre le droit et ses usages, en qualité de clercs, une douzaine de gaillards rusés, affamés, déchirés, déchiquetés, secs comme du bois, effrontés comme de vieux procureurs, se trompant sans cesse et toujours à leur profit.— Des bandits inépuisables qui couraient incessamment du guilledou du Palais de Justice à la comédie, de la buvette aux Porcherons; saute-ruisseaux sans foi ni loi de la loi et de l'amour, cherchant à gauche et à droite toutes sortes de prétextes à toutes sortes de mauvaises actions et d'extravagances réjouissantes ; courant après l'occasion, et en tirant parti une heure avant de l'avoir trouvée; il fallait les voir pour y croire, écrivant, jasant, hurlant, instrumentant, billets doux par-ci, assignations par-là, entendant et parlant l'argot comme leur langue maternelle, ah, les bandits ! Ils étaient la joie et le fléau du quartier, qui restait exposé, nuit et jour, aux quolibets de cette province médisante, philôs-kômmonos, disait un vieux professeur qui passait souvent dans la rue, et de fait on ne saurait se faire une idée approchant des faits et gestes de ces messieurs.

Quelles fleurs avait porté leur enfance, on pouvait en juger par les fruits que portait leur jeunesse. Comme ils avaient appris, de bonne heure, que la prudence est la compagne de toutes les vertus, et que la véritable destinée de l'homme est la recherche de la vérité, ils marchaient à la vérité par mille détours, et cette vérité qu'ils voulaient savoir, pour la répandre à pleines mains, c'était la chronique scandaleuse du quartier. Les filles, les femmes, les veuves, *et cœtera*, étaient surtout soumises à l'inquisition de ces espions par plaisir. Ils voulaient savoir, à tout prix, ce qui se passait dans l'âme du voisin, et ce qui bouillait dans le pot-au-feu de la voisine; ils tournaient l'épigramme, ils rimaient la satire, ils cultivaient la lettre anonyme et la lettre d'amour. A propos d'amour, on cite encore aujourd'hui une circulaire improvisée à l'usage de tous les clercs de l'étude qui avaient mis à la porte le dieu des soupirs timides et des emphases galantes, la déesse des importunités patientes et des tendres langueurs: m'aimez-vous beaucoup et ne m'aimez-vous guère? Ils avaient changé tout cela, ils avaient mis le cœur à droite, et remplacé les billets doux par l'assignation que voici :

« Madame (ou Mademoiselle) !

« Vous fournissez sans cesse à l'amour qui
« me brûle une *exception dilatoire* dans laquelle

« on vous tient pour non recevable. A l'heure
« qu'il est, vos défenses doivent être épuisées,
« et nous attendons vos *conclusions.* Je compte,
« ce soir, faire chez vous une visite domiciliaire
« et obtenir une *provision* d'une vingtaine de
« baisers tout au moins. Tâchez, si vous ne
« voulez pas que je prenne *appointement* sur
« vous, Madame (ou Mademoiselle), de faire
« droit à ma requête, pour éviter les frais, dé-
« livrez-moi un obligeant *exécutoire*, et plai-
« dons à huis clos. »

Maître de Joux avait un jour *saisi* cette lettre adressée à madame de Joux elle-même, et il en était saisi d'épouvante. Il fallut, pour le faire revenir de son étonnement, lui raconter l'histoire d'un procès qui venait de se terminer d'une façon, certes, inusitée. Le pape avait fait assigner à son tribunal, pour quelques propositions malsonnantes, Jean de la Cassière, grand maître de l'ordre de Malte, et deux commissaires avaient été envoyés dans l'île de Malte pour instruire le procès. Or, il se trouva que Jean de la Cassière était mort, que son accusateur Maurice de Lescot était mort, et qu'avant d'arriver au port, les juges, les commissaires, les notaires avec leurs actes, furent engloutis dans les flots.

De ce procès jugé... et jugé pour l'éternité... par l'éternité, nos brigands de clercs, grands et petits, avaient fait une tragédie intitulée : *Jean de la Cassière, ou le Procès cassé et noyé*, tragédie en cinq actes et en vers alexandrins, dédiée à madame Armide de Joux-Fagot, par ses très-humbles et très-obéissants serviteurs. La dédicace était signée en rond par messieurs les clercs, afin que jamais, au grand jamais, monsieur et madame de Joux-Fagot ne pussent savoir qui donc avait signé le premier.

> Acceptez, belle de Joux,
> Ces beaux vers exprès faits pour vous.
> Et tendez-nous la belle joue
> Où le printemps riant se joue.

On irait loin, certes, avant de rencontrer de pareils drôles. Non, les sauterelles d'Égypte ne représentaient pas plus de nuages, d'obscurités, de fièvres, de *dévoration,* de dommages et intérêts sur les herbes des Égyptiens, que ces praticiens en herbe, sur la défroque de l'infortuné procureur. Que d'inventions mauvaises dans ces crânes retors ! Que de journaux à la main et de fromage, au fond de ces poches bourrées de trahisons, de marrons et de mensonges ! Figurez-vous, en un mot, tout ce que vous pourrez imaginer de plus taquin, de plus fou, de plus pervers et de plus méchant. Griffaël lui-même, le démon des greffiers, qui ont un démon à part et pour eux seuls, eût refusé l'emploi de saute-ruisseau, en l'étude de maître Brouillon.

Voilà donc par quels garnements était habitée et bouleversée à tout hasard, et de fond en comble, la maison où vivait, si retirée et si calme, en ses jeunes et ignorantes années, la belle et tranquille Louison.

CHAPITRE II.

LE JEUNE MONSIEUR JADIS.

Un seul clerc, parmi ces gredins de bon appétit et de mauvaise volonté, qui étaient partout, le savez-vous? le point de départ de la justice, le grain de sable dont étaient semés les chemins qui conduisent aux cours souveraines, gardiennes vigilantes des intérêts de l'État, des droits de la nation, de la fortune du roi et de sa race, un jeune homme, le plus jeune de la bande joyeuse et scélérate, faisait un étrange contraste avec les nourrissons de cette caverne. Enfant, que dis-je? orphelin de l'amour, il était beau comme son père, et rien qu'à le voir, la tête haute, la taille élégante, vêtu en prince ruiné, et peigné en fils de bonne maison, la main d'une femme et le pied d'un enfant, lisant ce tas d'édits, de registres et de mémoires, sur l'air ancien : *Préparons-nous à la fête nouvelle*, on se fût demandé par quel bizarre accident de l'aveugle déesse de la fortune, ce jeune homme était tombé dans cette caverne, et comment cette rose était poussée sur ce chardon ?

Lui-même il ressemblait à ce jeune prisonnier de guerre, enfant de Lacédémone, qui s'écriait : *Je ne veux pas servir*, et qui, au premier ordre injuste, se brisa le front contre le mur. Il était de ces poëtes sous la robe de l'orateur, qui s'écrient : Je vais plaider la cause des dieux : *Causam deorum agam !* Aussi cachait-il son dossier lorsqu'il allait aux plaids ; il mettait des gants au détour de la rue, et il boutonnait son habit.

<small>Ma robe vous fait honte, un fils de juge ! Ah fi !</small>

Sa naissance avait été, comme tant d'autres choses en ce siècle, une *surprise de l'amour*. Sa mère... Eh! rien que sa mère, l'avait élevé elle-même, et pour le reste, elle lui avait fait donner les leçons des gentilshommes : le blason, les fortifications, le manége, les armes, la musique et la danse, avec un peu de grec, de théologie et de latin. Ils s'aimaient, la mère et l'enfant, comme deux cœurs qui n'ont rien de mieux à faire et qui n'ont que cela à aimer. Ils s'entendaient très-bien, elle et lui, en toutes choses, ils se parlaient joyeusement, d'habitude, une seule corde gênait cet aimable duo de la piété filiale et de l'amour maternel. Parfois l'enfant demandait des nouvelles de son père:

— Ah! votre père, disait la pauvre femme, vous n'avez pas de père, mon enfant, vous êtes le petit-fils d'un très-grand seigneur, le bonhomme *Jadis*, seigneur et comte d'*Autrefois*.

Et l'enfant curieux : — Dites-moi l'histoire de mon grand-père, disait-il, interrogeant sa mère, de ses beaux yeux brillants et attentifs.

— Mon fils, l'illustration de votre famille se

perd dans la nuit des temps, et si quelqu'un est né gentilhomme, c'est votre grand-père, à coup sûr. Son père, qui était un seigneur prudent et sage, n'avait pas voulu se marier avant d'avoir quarante ans. A quarante ans, il avait épousé, en juste et légitime mariage, une fille qui en avait vingt-sept, et ils mirent au monde un enfant qui fut bien vite d'une si bonne constitution, qu'au sortir de nourrice, à quatre ans qu'il pouvait avoir, il était plus vigoureux et plus fort qu'un étudiant d'aujourd'hui.

Votre grand-père, aussitôt qu'il put comprendre les saines paroles, entendit parler du saint Évangile; on lui apprit à joindre les mains, à plier les genoux, à prier Dieu; on lui parla bientôt de la guerre et de la gloire des armes; on lui dit les hauts faits des douze pairs, on lui nomma Charlemagne et Duguesclin, et les héros de sa race; à douze ans enfin, on lui apprit à lire et à écrire; à quinze, il en savait aussi long que le chapelain du château.

Votre grand-père apprit ensuite la philosophie

d'Aristote; il apprit, tout seul, la chasse, l'éteuf et la paume, et tous les jeux de la noblesse ; il fut tout de suite, tempérant et chaste, et d'une grande simplicité de mœurs que relevait sa dignité naturelle. Il était affable à tous, familier à peu; ses vassaux, qu'il secourait en toute occasion, ne lui parlaient que chapeau bas, dans l'attitude du plus profond respect, et l'appelaient : Monseigneur. Lui, de son côté, il rendait à son père et à sa mère, tous les respects qu'il recevait, ne leur parlant jamais que tête nue, et le matin à leur réveil, et le soir à leur coucher, leur demandant leur bénédiction et leurs ordres. Jamais, mon fils, au grand jamais, votre grand-père ne se serait permis, sa mère présente, de s'asseoir, comme vous faites, dans un fauteuil; à peine s'il acceptait un tabouret où il se tenait dans une contenance austère et sérieuse; il aurait eu honte de s'appuyer, les coudes sur la table, et de croiser ses deux jambes en présence de son maître et seigneur.

Il se levait de grand matin, à quatre heures, il déjeunait à sept, il dînait un peu avant midi, avec ses parents, il goûtait à quatre heures, la nuit venue il s'enfermait dans sa chambre, où il soupait d'un repas frugal. Il ne soupait en compagnie que le mardi gras, le jour des Rois, à Pâques et à la Saint-Martin, et ce jour-là, le curé du village disait les grâces. Toute superfluité était bannie de cette table abondante : la viande de boucherie, les oiseaux de la basse-cour, le gibier de la forêt, les poissons des étangs, les légumes du jardin.

On était riche de peu en ce temps-là; peu de meubles, un habit simple, un vaste haut-de-chausses, un ample chapeau, ombragé d'une plume de héron, un large baudrier qui portait une longue épée, de vastes souliers, des gants où la main tient à l'aise, des pages de trente ans, des laquais de soixante et dix ans. On allait à la messe, en grande pompe, entouré de tous les gens de la maison; on disait la prière en commun, chaque soir.

Quand votre grand-père eut fait la guerre, il revint chez lui, dans ses domaines, pour recevoir le dernier soupir de son père et de sa mère, qui furent ensevelis à la gauche du maître-autel, sous un marbre noir chargé de leurs titres et de leurs armoiries. Maître désormais et seigneur, il ne quitta plus cette terre confiée à sa garde, il entendit toutes les plaintes, il soulagea toutes les misères ; attaqué non plus par les armes, mais par des querelles et des procès injustes, il sut se défendre par la prudence, comme il s'était défendu par le courage, et il reconquit sur une abbaye injuste une part de son patrimoine qui était devenu bien d'église. Heureux, le bon seigneur Jadis, s'il n'avait pas eu des disputes plus violentes, et s'il ne s'était pas battu avec un incroyable acharnement, les armes à la main, pour des disputes religieuses dont il savait à peine le premier mot.

Il est mort enfin, laissant après lui une mémoire à jamais regrettée. Entendez-vous, mon fils, ce qui se dit chaque jour autour de nous :

Ah! Jadis, mon pauvre seigneur, qu'êtes-vous devenu? On ne se bat plus si bien que vous, Jadis; on n'aime plus comme vous aimiez, Jadis; on ne boit plus comme vous buviez, on ne croit plus en Dieu comme vous y croyiez, Jadis! Voilà ce qui se dit, mon fils; votre grand-père, à entendre tous ces gens qui en parlent, a possédé toutes les vertus, toutes les grâces. Sa descendance a bien dégénéré, en effet. Son fils, hélas! votre père..... ne parlons pas de votre père, il ne valait pas votre grand-père, qui, lui-même, valait un peu moins que son aïeul. Prions Dieu pour le repos de leurs âmes, mon enfant, et fasse le ciel que vous ressembliez, quelque jour, au bonhomme Jadis. »

Ainsi parlait cette femme forte, et son fils, sautant à son cou ; — Embrassez, chère mère, votre petit Jadis d'aujourd'hui. Il vaudra son père, vous verrez. Et la mère d'embrasser l'enfant, en s'écriant (une locution de notre pays de Forez) : Mon cher ange, tu vaux trop!

Puis la mère, en pleine jeunesse, en plein

abandon, était morte que son fils avait quinze ans à peine. Elle s'était obstinée à ne pas dire à l'enfant le nom de son père; elle était jalouse, et se vengeait au delà du tombeau. Resté seul au monde, et forcé de gagner le pain de chaque jour, l'enfant avait été placé chez le procureur, un aigle dans le trou d'un hibou! La pauvreté, quand elle n'est pas une grande force, est un grand obstacle, et l'on vit, peu à peu, le descendant d'un si antique lignage, un enfant des croisades, s'estimer heureux d'avoir conquis le poste glorieux de troisième clerc chez maître Brouillon : si on lui eût rendu justice, il eût été page de la petite écurie et colonel *ad honores* des armées du roi.

En attendant mieux, c'était un vrai sage; il avait, du sage par métier, cette vaste inquiétude qui vous pousse à savoir plus qu'on ne voit, à ne pas croire ce qu'on voit, à deviner ce qu'on ne voit pas, et, de temps à autre, il appliquait sa curiosité même, à apprendre ce que ne savait pas le patron, à voir ce qu'il ne voyait pas, à comprendre ce qu'il ne pouvait pas comprendre, aussi le patron l'aimait et l'honorait, et lui parlait, le plus souvent, comme on parlerait à un jeune léopard, bondissant au soleil; le pelage vous attire, et la dent vous fait peur; l'œil est doux, mais la griffe! En un mot, on a beau dire que les greniers ne sentent pas le poids de la prochaine moisson, on voyait que malgré lui, maître de Joux sentait le poids de ce jeune homme, et respectait monsieur Eugène, son troisième clerc.

Quant à madame la procureuse, elle avait, chose étrange, moins de pressentiments que son mari, soit qu'elle fût déjà un peu âgée pour deviner le léopard, soit que l'élégance et la jeunesse du jeune tigre eussent fait disparaître le danger de la griffe et de la dent. Ainsi s'arrêtait complaisamment la bonne dame devant son troisième clerc, et parfois elle lui donnait hardiment de petites tapes sur la joue, et elle disait à son mari, étonné du courage de sa femme : — En voilà un qui peut aller à tout, et pour prouver son dire, elle l'invitait à dîner.

Ces toutes petites choses étaient de grands sujets de jalousie et d'émulation dans toute l'étude, et même monsieur Eugène eût payé cher ces gâteries, s'il n'avait pas été un brave du premier ordre. Mais on savait qu'il était peu endurant, qu'il avait le poing et le bon mot également faciles, et qu'il ne faisait pas bon s'adresser à lui-même, *parlant à sa personne.* Au demeurant, bon et honnête garçon, peu pédant et peu farouche, tout disposé à prendre sa part des petits méfaits de la journée; il aimait, tout comme un autre, le vin du patron quand il était volé, et son pain quand il était frais ; il savait, aussi bien que personne, tourner le couplet satirique et raconter l'anecdote amusante ; il travaillait, rendons-lui cette justice, en bon compagnon, c'est-à-dire aussi peu que le comportaient son titre de troisième clerc et les six petits écus qu'il recevait chaque mois en pièces de vingt-quatre sous, sans appoint. Seulement, il voulait ne rire qu'à ses heures, et qu'on le laissât en repos s'il était en train de vouloir être seul. A ces fins il s'était arrangé une niche à son usage, et une fois dans ses retranchements, il oubliait la grand'chambre aussi bien que La Tournelle, les enquêtes non moins que les requêtes; il était si habile dans le grand art d'écrire une citation et d'épier ce qui se passe dans un livre d'amour! La main va d'un côté, l'esprit va de l'autre; on envoie en prison de pauvres diables sans argent, pendant que soi-même on s'assied sous le hêtre, au beau milieu du Toboso. Ainsi l'on remplit à la fois sa tête, son cœur et son papier timbré.

Il aimait à lire (rêver et lire, heureux passe-temps des oisifs!), et le bon esprit de sa mère se faisait sentir dans le choix de ses lectures. Certes, le moment était bon pour un de ces lecteurs gloutons qui se bourrent de romans et d'histoires jusqu'à ce que leur esprit rassasié rejette cet amas de fictions saugrenues, et jamais lecteur de profession ne trouvera un moment pareil. En ce temps-là, chaque matin apportait à chaque lecteur, un nouveau livre. On faisait des livres tout exprès pour les rois, pour les reines, pour les princesses, pour nosseigneurs les cardinaux, pour nosseigneurs les archevêques et évêques de France; on faisait des livres pour les abbesses et les abbés commandataires, pour les chanoinesses et pour les chanoines, pour les officialités et pour les chapitres ; on en faisait pour les séminaires et pour les casernes, pour les ducs et pairs et pour les fermiers généraux; les brigadiers d'infanterie avaient leurs romanciers, et les brigadiers de cavalerie avaient leurs poëtes, ainsi que les brigadiers de dragons; les amiraux et les chefs d'escadre n'étaient pas oubliés, non plus que les lieutenants généraux et les gouverneurs de province. On ne saurait croire ce que les mousquetaires noirs, et les demoiselles de l'Opéra consommaient de petits livres. Chaque âge et chaque condition avait ses écrivains patentés; avec un peu d'attention on n'eût entendu dans toute la France que le bruit des plumes bavant l'encre, l'orgie et le blasphème sous toutes sortes de mains impures ; sans compter les livres qui étaient faits pour tout le monde, c'est-à-dire les lois insultées, les croyances attaquées, les deux Testaments lacérés, l'ironie et la colère et le mépris jetés, à pleines mains, dans les pages scélérates que vendait le colporteur aux duchesses et aux servantes, aux docteurs de Sorbonne et aux laquais de l'antichambre, à Marton et à Phryné, à Turcaret et à Tartufe, aux séminaristes et aux clercs de procureurs. Tout y passait, et jusqu'aux derniers respects que cette nation infortunée se devait à elle-même et à tant de siècles de vertus, d'éloquence et de bonnes mœurs.

Car ce n'était pas assez de ces montagnes de romans, de pièces de théâtres, de pièces fugitives : contes obscènes, lettres galantes, voyages imaginaires, étrennes mignonnes, almanachs, journaux, livres d'estampes, livrets de musique et chansonnettes, il y avait au-dessous de cette littérature anonyme, une littérature sans nom qui pataugeait dans un fonds inépuisable de jeanotisme et de non-sens. Ah ! c'est la mer à boire, et dans cet océan de fadaises, chaque vague roule, l'une sur l'autre, ces vils produits de l'esprit humain aux abois. L'antithèse, le jeu de mots, la pointe, le rébus, le calembour, l'anagramme, le bout-rimé, l'énigme, le logogryphe et le hiéroglyphe, et tous les enfants bâtards de leurs bâtards, les *boutades*, les *caprices*, les *fadaises*, les *fadeurs*, les *fleurettes*, et les autres bluettes qui se montrent par milliers comme les mouches sur le fumier ; les *paniers*, les *cadogans*, les *pantins*, les *bilboquets*, les *découpures*, les *poupées*, les *mannequins*, les *automates*, les *figures en plâtre*, les *moulins à vent* et les *comédiens en bois*. Qu'est-ce à dire ? et doutez-vous que ces choses-là aient fourni leur contingent à la poésie et aux belles-lettres de ce siècle des lumières et de la philosophie ; eh bien, ne doutez plus et voyez en bloc tout cet esprit dont nous sommes si fiers.

Cet esprit du XVIIIe siècle, dont nous sommes

si fiers, se perdait et se dépensait misérablement en petite monnaie, et qui voudrait réunir tout cet alliage aurait grandement à faire. En effet, voici les bins bins, les bamboches, les flons-flons, les lanlaires, les lanterlus, les mirlitons, les ouistenvoires, les flûtes à l'oignon, les becs à corbin, les bâtons d'épines, les cabriolets, les hochets, les colifichets, les marmousets, quoi encore? Eh! les bijoux, les joujoux, les poupons, les lampons, les bévues, les écarts, les travers, les âneries, les gaucheries, les sots et les sottes, les balivernes, les brocards, les commérages, les culs de crin et les caquets de l'accouchée ; ô grand siècle des opuscules! — Opuscules de toute espèce : littéraires, philosophiques, historiques, théologiques, économiques; — opuscules galants, sérieux, comiques, plastiques, métaphysiques, mathématiques. — Nous comptons autant de *mélanges* que *d'opuscules*, et des histoires, à n'en plus finir, qui faisaient une sérieuse concurrence à l'*Essai sur les mœurs*.

Histoire de l'âne qui parla, de la tour de Babel, du royaume d'Yvetot, de Marie à la Coque, de dame Jaqueline, de la grande Claude, de Margot la ravaudeuse, du Père Barnabas, de Madelon Friquet, de Manon Frélu, de Dupont mon ami, de Cadet le Ginjolle, — histoire de Gribouille et de Drolibus, de Jean de Nivelle et de Jean Desvignes, de Gros Thomas et de monsieur Gobe-Mouches, du grand Moustapha et du petit Constantin, de la vache à panier, de la vache à Colas, de la vache Io, de la vache espagnole, de feu notre cochon, — histoire de plusieurs grands hommes pour faire suite à l'*Histoire de Charles XII*; Mathieu Laensberg, Lustucru, Pierre Bagnolet, Ramponneau, Taconnet, Maître Jacques, Gagne-Petit, — de Jocrisse, de Jean Logne et de Nicdouille; entre autres histoires se vendait déjà l'histoire épouvantable de *Bonhomme Misère*, publiée à cent mille éditions, et chaque édition non corrigée, mais revue et considérablement augmentée, et agrandie de toutes les haines et de toutes les vengeances que le cœur de l'homme et la besace des romanciers peuvent contenir!... Voilà pourtant par quelle suite inexorable de jolis petits livres (Dieu soit loué au plus haut des cieux!) les esprits et les docteurs du plus bas étage viennent à bout, en moins de rien, de toutes les écoles de théologie et de tous les trônes de l'univers!

On faisait aussi, en ce temps-là, beaucoup d'Éloges, et toutes sortes d'Éloges que M. Thomas, un des Quarante (chapeau bas!) avait oublié dans son *Essai sur les éloges.* Éloge des femmes savantes, des beaux-esprits, des petits-maîtres, des comédiens, des écrivains médiocres, des poëtes crottés, des premiers moutardiers du pape, des filles d'Opéra, du père Barnabas et du chapon au gros sel. Après les *éloges* venaient le *recherches.* Recherches sur les mansardes, les entresols, les enseignes, les parvenus, les billets doux; recherches sur les poules mouillées, sur les lanternes sourdes, sur les poires molles, sur les batteurs de pavé, sur les racleurs de petites maisons, sur l'école buissonnière, les pantins, les antipodes, les merles blancs et les anges cornus.

On a même fait, en ces temps de recherches, un livret intitulé : *Recherches sur les bergers de la Brie*, dédié au roi d'Espagne : « au rival du soleil, à l'astre de ses États, à l'archive couronnée de la justice, à l'auguste et sacré trésor de la piété, au pacifique, au bienfaisant, au magnifique, au puissant empereur des deux mondes, toujours auguste, roi de Castille et de Léon ! etc., etc., par son très-humble et très-obéissant serviteur Jean Ballot. »

De tous ces livres qui pullulaient à l'ombre des gros livres, comme le champignon étalant ses venins au pied des chênes de Jupiter, Eugène avait une horreur d'instinct, et pour rien au monde il n'eût touché à ces amusements de la plus vile populace. Il haïssait tout autant, ou peu s'en faut, les dissertations à perte de vue, où il était prouvé que Notre Seigneur Jésus-Christ était un fanatique, où les douze apôtres étaient traités comme des charlatans; il n'aimait pas l'emphase, il exécrait la métaphore, et l'ironie le fatiguait. — A toute la philosophie officielle, il eût préféré un bon conte de fée ou de ma Mère l'Oie. On voyait aux timidités et aux grâces de son esprit qu'il avait été élevé par une femme ignorante, et du reste intelligente de toutes choses; il n'était pas rêveur, non, et tant s'en faut: la rêverie est un champignon de notre siècle; il était dans l'âge heureux où les grandes passions vous font peur, où les grands événements vous attristent, où le roman le plus simple vous paraît le plus intéressant et le plus vrai. Une élégie éplorée en beaux vers, il l'eût préférée à la *Henriade;* une idylle amoureuse, à toutes les niaiseries du petit Jelyot, le léger fils du grand Crébillon.

Dans ce débordement d'écrivains sans pudeur, qui disaient en leurs préfaces : *J'ai vu les mœurs de mon temps, et c'est pourquoi j'ai publié un livre abominable,* avec la fausse bonhomie d'un empoisonneur public qui vous avertirait en ces termes : *Prenez garde à ce flacon, rien que d'y toucher vous êtes mort!* Maître Eugène de Jadis (il avait pris au sérieux la plaisanterie de sa mère) s'était retranché dans les lectures de l'âge d'or. Il aimait la pastorale et l'églogue ; il ne se trouvait heureux que dans les campagnes fleuries, au bord des limpides ruisseaux, à l'abri de ces vieux pins qui marient leur bruit et leur sombre feuillage au doux murmure de la fontaine, au blanc feuillage du peuplier d'Italie. A l'aspect de ces paysages heureux, notre jeune homme s'écriait tout bas, comme le berger de Fontenelle :

> On aime en ces hameaux, on songe assez à plaire ;
> Cependant cherchez-y quelque berger sincère,
> Et je veux bien, Iris, vous rendre votre foi,
> Si vous en trouvez un sincère comme moi.
> Ne vous y trompez pas, pour être jeune et belle
> On n'en a pas toujours un amant plus fidèle.
> Vous parlez de Climène? il n'est pas d'air plus doux,
> Elle a même, dit-on, quelque chose de vous ;
> Mais si je vous disais que Climène est trahie !
> Ménalque qui devait l'aimer plus que sa vie,
> Qui souvent la voit seul, près d'un certain buisson,
> Ménalque, pour une autre, a fait une chanson !

Ah ! bandit de Ménalque, ah ! ma chère Iris !

ainsi songeait Eugène en lui-même. Il savait
par cœur ces poëmes rustiques ; il vous eût dit
où en étaient les amours de Daphné et de Ti-
mante, de Palémon et de Doris ; il ne trouvait
de beau et de réjouissant que les chansons
qui se chantent dans les bois :

<blockquote>
Aimer est un plaisir, mais il ne peut suffire ;
Il y faut joindre encor le plaisir de le dire !
</blockquote>

A qui le dire ? Eugène encore n'en savait
rien. Il n'allait même pas jusque-là. Seulement,
de temps à autre, sa tête inclinée dans sa main
brûlante, il se demandait s'il ne saurait jamais
distinguer le blé du seigle, le pinson du linot,
le tilleul de Hollande du peuplier d'Italie? Tels
étaient ses rêves. Il n'allait pas au delà des
paysages de sa création. Il ne rêvait que de ruisseaux et de fontaines, de bosquets et de rosiers, de laitage et de labour. Il ne séparait pas
Flore de Zephire, et si par hasard il s'arrêtait
devant une idylle de Watteau, il ne voyait,
sur cette toile enchantée, que les arbres, les
buissons, les fleurs, le ciel transparent, l'été

et ses triomphes, le printemps et ses gloires ; il ne voyait pas Daphné sur l'escarpolette, Tircis jouant du hautbois, la nymphe jetant sa flûte latine au satyre qui la ramasse, le beau Léandre cachant sa tête sur les jupes d'Argentine, qui mire dans le lac limpide le frais matin de sa beauté.

Le pauvre enfant! A l'heure où commence cette histoire, il venait de se passionner pour la *Galatée* de M. de Florian, capitaine de dragons et gentilhomme ordinaire de Son Altesse Royale Monseigneur le duc de Penthièvre. Il était possédé de ce petit roman pastoral ; il y rêvait la nuit, il y songeait le jour, trop heureux si après le songe ou le rêve, au sortir de ces paradis, il ne se fût pas retrouvé dans cette crapaudière, assis, en guise de mousse, de gazons et de frais tapis, sur le vieux cuir de sa vieille chaise, à ce vieux bureau des gémissements de tant de misérables. En ces moments, il se faisait horreur à lui-même ; il avait honte de faire de son écritoire un poignard, et pour vous plaire, ô nymphes! ô dieu Pan! il improvisait bel et bien une bonne nullité qui pouvait sauver le plaideur.

Il faut lui tenir compte de ce sacrifice, muses de la Sicile! Peu d'encens ont été plus agréables aux dieux des paisibles campagnes, que l'encens des malheureux, assignés « aux noms de la dame Galatée et du sieur Daphnis, en leurs demeures de l'Hélicon. »

CHAPITRE III.

**MÉDITATIONS POÉTIQUES AU COURS-
LA-REINE.**

De ces tendres lectures, de cette jeunesse, et du voisinage inespéré de la belle Louison, le tout mêlé à l'ignorance et à la quasi-innocence du jeune homme, devait résulter un étonnement du cœur qui pouvait devenir très-sérieux. Déjà la fumée annonçait la flamme. On ne se connaissait pas, on ne s'était rien dit de part et d'autre; au contraire, on avait baissé les yeux des deux parts, à peine avait-on, sans le savoir, une petite douceur à ce voisinage, une curiosité de goût et de penchant, et si le cœur battait parfois, c'étaient, le croirez-vous? des mouvements si fluets et si timides, qui faisaient si peu de bruit et qui tenaient si peu de place.... le bruit et la place de deux amants qui en sont à l'essai de leurs amours, qui s'estiment de loin, qui ne se sont pas abordés encore, et qui se fréquentent déjà. En vain cherchaient-ils, chacun de son côté, à lire l'annonce de leur mariage dans les astres, ces belles promesses — quand par hasard elles sont écrites dans le ciel — y sont écrites en très-petits caractères, et nos deux enfants n'y pouvaient lire que le commencement de leur histoire. Au reste il n'y avait guère que seize cents et quelques années que saint Augustin avait prédit ces choses au troisième livre de ses *confessions* :

« A l'âge d'Eugène et de Louison, disait-il, j'étais tout à fait comme ils sont à cette heure, je n'aimais pas encore, j'aimais à aimer. »

Toutefois, sans être un père de l'Église, il était facile de prévoir que ces regards auraient des suites, qu'une grande partie de cœur était liée entre les deux plateaux de la *balance d'or*, et qu'un jour ou l'autre, nos amoureux (lisant enfin à livre ouvert) chanteraient en duo, l'antienne que chantent les amoureux de Théocrite : « Aussitôt qu'il l'eut vue, adieu la raison du jeune homme! Elle le vit, de son côté, et elle se précipita dans les abîmes de l'amour. » Au reste, si Théocrite ne vous suffit pas, non plus que saint Augustin, lisez avec soin un livre intitulé : *De l'usage des passions, par le R. P. Senaut, quatrième supérieur général de l'Oratoire.* Il ne faut pas sourire, il ne faut pas se moquer du P. Senaut : il a traité l'amour selon toute sa dignité, il en a parlé avec tous les respects qui lui sont dus.

Mais offrez donc à un jeune homme qui vient d'entrer, résolument, dans le parti des impatients, de lui mettre un morceau de glace sur le cœur ! Une moitié de son cœur est partie et l'autre moitié est en l'air ! Il n'y a pas de P. Senaut, il n'y a pas de philosophie, il n'y a rien qui tienne, il faut que notre amoureux obéisse à l'inspiration qui le pousse, à la voix qui lui dit : Ce que tu cherches est là ! Voilà, en effet, Louison-Galatée elle-même, sur le pas de sa porte, en robe siamoise brune, sa robe dans ses poches, le cœur sur la main et le nez en l'air.

Les yeux là-haut, elle voyait — tout ce qu'elle voulait voir ici-bas — ce timide amant qui passait à sa portée, enfin. Elle le vit tout à l'aise, sans le regarder ! et lui, qui la regardait de tous ses yeux, il ne vit qu'une flamme en passant ; mais rien qu'à frôler cette flamme il se sentit brûler, et il s'enfuit, l'éperon dans le flanc, comme si le dieu d'amour l'emportait, semant sa route de mille soupirs brûlants qui revenaient sur leurs pas, à tire-d'aile. Au détour de la rue, il marcha moins vite ; il allait rêvant, car l'amour est une rêverie, et n'en disons pas de mal, c'est de toutes les rêveries la plus charmante de toutes : elle précède la passion, elle l'annonce ; elle est la première promesse et la première espérance, et vraiment ce serait grand dommage que l'on ne finît pas d'aimer aujourd'hui, ne fût-ce que pour la joie et la fête de recommencer demain.

Sa fantaisie et son rêve allant toujours, le conduisirent au bout du rempart, au milieu de ces grandes allées qui menaient au *Cours de la Reine*. Sombres forêts ! elles sont remplies de dangers pour les rêveurs, elles servent merveilleusement les tendresses, fortifiées en ces allées-là. Justement, notre amoureux se promenait dans l'allée des Soupirs ; on eût dit, à voir ce beau ténébreux plongé dans ses méditations silencieuses, que Psyché elle-même lui chantait dans l'espace, son grand air de désespoir : *Deh ? piangete al pianto mio !* accompagné des lamentations de l'orchestre, et des soupirs des flûtes s'exhalant en mille sanglots.

Pendant qu'il était en train de lâcher toutes les écluses du sentiment, et d'ouvrir toutes les digues de ces malheurs sans nom, heureux privilége du bel âge, le beau monde de chaque jour venait affronter, à son heure accoutumée, le jugement de Paris, *judicium Paridis*, comme le disait la Sorbonne en belle humeur; afin de n'être pas méprisées en leur beauté, et de concourir à la palme rebelle que tient, d'une main dédaigneuse, ce beau juge un peu blasé de tant de grâces qui sollicitent incessamment un sourire de sa bouche, un regard de ses yeux, les plus belles dames de la bonne et de la mauvaise compagnie se montraient en cette promenade du jugement, dans leur plus magnifique appareil.

Le Cours-la-Reine était alors le rendez-vous de toutes les élégances, de toutes les vanités, de tous les scandales de la cité-reine des villes; qui n'avait pas affronté le feu ardent de ces moqueries armées de toutes pièces, était compté tout au plus comme un étranger sans état et sans nom, et ne valait pas l'honneur d'un regard. Certes, comparé à tant de vices et à tant de passions qui y ont tenu leurs assises, leurs états généraux et leurs grands jours, le Cours-la-Reine est un bien petit espace, et pourtant jamais les trois déesses ne furent plus empressées à l'arbre où se tenait le berger phrygien, que notre ville aventureuse dans ce champ-clos de ses victoires et de ses défaites. Sous les arbres resplendissants d'un clair soleil, au murmure de l'onde enchantée et d'un parterre de jeunes gens et de femmes à la mode, venaient se promener, rougissantes, et bien heureuses d'être si hardies, la mariée du matin et la fiancée de la veille. Au retour de la guerre, le jeune capitaine y venait montrer son nouveau ruban et sa nouvelle épée ; un plus galant et moins heureux se pavanait de sa maîtresse nouvelle en nouvelles parures. Qui était nouveau venu à la ville et nouveau venu à la cour, qui avait fait un conte applaudi ou une tragédie sifflée, qui venait d'obtenir un évêché ou une magistrature. — Le cardinal en sa pourpre naissante, le philosophe au sortir de la Bastille glorieuse, l'homme acquitté d'une accusation capitale, le mari que sa femme enlevée a désigné aux médisances de cette foule superbe, l'abandonnée en ses douleurs, la coquette en ses conquêtes, traînant après soi vingt esclaves de parade, afin de grossir l'équipage de sa beauté; — le grand seigneur qui salue à peine ses créanciers, fiers de ce luxe qu'ils paient, et de cet homme qui les nargue, — toutes les gloires et toutes les défaites de cette société sans souci et sans vergogne passaient et repassaient par cette chaussée ouverte aux vertus, aux hontes, aux ridicules, aux vanités.

Dans cette avenue où tout passe, où tout change, où le vainqueur de la veille est à peine un homme le lendemain, on s'envie, on se hait, on s'admire, on se salue, on se montre au doigt, on s'accable de respects, de médisances, d'adorations, de calomnies, de louanges, de mépris! Là se heurtent, dans une confusion insensée et bruyante, le poëte et le financier, la duchesse et la fille, le philosophe et le libertin; ceux qui règnent et ceux qui servent, celui qui obéit et celui qui commande; le duc et pair dominé par sa danseuse, le noble obéissant à sa servante, le génie tenu en laisse par le bel esprit! C'était vraiment le pandœmonium de toutes nos folies et de toutes nos misères, cette brillante avenue qui reliait Paris à Versailles, et les passions de la ville aux intrigues de la cour.

Ils allaient, elles venaient en grande pompe, en grand costume, en robes voyantes, en habits d'or, et chacun dans l'équipage, non pas de sa fortune et de sa naissance, mais de son luxe et de sa folie. On voyait passer l'ambassadeur des nations dans une diligence peinte en camaïeu d'un rouge éclatant; on lorgnait dans sa berline dorée à l'antique, la soubrette de la Comédie Italienne; Célimène était en carrosse, le fermier général en berlingot, la dévote en vis-à-vis, la Camargo en voiture coupée; le prince du sang, vêtu en *polisson*, allait en demi fortune à la poursuite de ses bonnes fortunes;

pendant que la favorite de la veille étale ses grâces déjà fardées dans une calèche doublée d'un velours nacarat, traînée à six chevaux soupe-au-lait, les chevaux nattés de bleu, et les cordages de la même couleur. Les harnais, et la voiture, et la roue étincelante et silencieuse sont rehaussés d'une moulure d'or rembruni; les panneaux (digne écusson de ces seize quartiers..... de ces seize printemps) étalaient, armes parlantes, encadrées dans le manteau de la pairie héréditaire, les plus heureuses métamorphoses d'Ovide en leur petit déshabillé! Beaudouin avait peint ces panneaux, Martin les avait vernis.

Soudain, à ce défi effronté que se font entre elles ces beautés rivales, ces fortunes, ces ambitions, ces batailles de l'amour et du hasard s'élève un concert de fête et de louange. Au vice triomphant, c'est à qui va dresser des arcs de triomphe! Ah! disaient les hommes, ces deux yeux-là sont aussi nobles que le roi et M. le Dauphin. — Cette princesse! disaient les dames d'un air de pitié. — Oui, mesdames, une princesse étrangère qui n'est pas encore présentée et qui monte déjà dans les carrosses du roi. Et chacun de la suivre et de lui sourire, et de lui dire comme Scevole à Porsenna : « Prends garde ! si je te manque, et prends garde, nous sommes dix mille de la même conspiration ! »

En ce lieu, c'est l'usage et la grande mode de causer tout haut des affaires d'autrui, et faute de mieux, parle-t-on de ses propres affaires. On cause pour le voisin, et non pas pour soi, c'est à qui jouera son rôle, et le jouera bien. Le pédant, ouvrant ses yeux ronds qui veulent entendre finesse à toutes choses, s'amuse à torturer sa pensée et s'extasie sur un galimatias du dernier beau. Voilà des mots, voilà un habit qui nous ont donné bien de la peine à inventer, maître Vadius ! Le petit-maître, infidèle à un monde de belles, marche entouré, comme un consul de ses licteurs, du troupeau de ses maîtresses présentes, et de la cohorte de ses maîtresses à venir; il jette à qui les veut ramasser, les noms de ces Arianes éplorées, et il déclare à qui veut l'entendre, qu'il renonce pour un temps, à ce métier d'Adonis. Tant pis pour les belles, et pour les plus belles! Qu'elles cherchent ailleurs leurs délices. L'aimable homme! il fait la roue à la fois de son habit et de ses amours.

Vous voyez bien cette femme endimanchée et harnachée de pierreries? Elle porte tous les diamants de son quartier et de sa famille, et qui oserait l'enlever, elle et ses perles, ferait crier bien du monde : *au voleur!*

Cette femme au nez rouge et très-maigre, qui relève la manche de sa robe, et qui montre à ses amies, un fuseau de bras... battue! elle se vante d'avoir été battue! et la preuve c'est que voici la marque des coups qu'elle a reçus et qu'elle ne donnerait pas pour un empire, cette femme heureuse, enviée entre toutes. En effet, où trouver une plus grande preuve d'amour, et désormais qui donc oserait soutenir que cette pauvre comtesse a cinquante ans ? Battue à cinquante ans, est-ce possible ? Est-ce qu'on demande son âge à une femme battue ? On dit, il est vrai, que son amant, quand il fit ce beau chef-d'œuvre, avait perdu tout son argent au jeu ; mais peut-on empêcher les envieuses de parler ? Quant aux bonnes âmes qui restent persuadées de la sincérité et de la vérité de ces violences, elles prétendent qu'il y a des femmes qui jouent de bonheur, qu'un bon os n'irait jamais à un bon chien, et qu'en frappant ces vieilles épaules, on leur a fait beaucoup d'honneur.

Chut ! voyez-vous, bras dessus, bras dessous, ces tourtereaux de la noblesse et de la finance, le marquis de Vieuxville et sa femme la marquise ? La marquise, à peine mariée, a voulu se montrer avec son mari, son cher mari, sur le Cours-la-Reine, et pour quarante mille louis d'or qu'il lui en coûte, c'est bien le moins que la dame se passe une ou deux fois cette petite fantaisie. Avez-vous vu cependant un corps plus disgracieux et plus massif? — Non certes! — Je le crois bien : la fille d'un marchand! Elle est si novice en tout ce qui concerne sa propre grandeur qu'elle s'est fâchée, l'autre soir, en voyant son maître d'hôtel qui servait à table, l'épée au côté, les mains nues et le chapeau sur la tête. A-t-elle des airs! Est-elle assez petite et grassouillette! et le nez si peu aquilin! que deviendra, juste ciel, la race de Vieuxville entée sur ce nez-là! Pauvre marquis! le voilà pour une somme d'argent, assommé à n'en pas revenir, et exposé à toutes les *dérogeances* de la noblesse!

Le marquis et la marquise de Vieuxville étaient ce jour-là, les héros de la fête, et chacun les suivait à la trace, et s'amusait de cette bonne dame pliant sur le faix si chèrement payé de ses dignités récentes. C'était à qui rira de cette infortunée, à qui l'imitera dans son port de tête et dans sa démarche, à qui plaindra le pauvre marquis de tirer de cette souche vulgaire, un rejeton de son nom et de son sang. Une maison, juste ciel! qui compte un maréchal de France et deux évêques! La dame, cependant, les laisse dire, et, penchée au bras de son précieux mari, elle calcule, à l'avance (digne fille de son père!), ce que lui coûteront dans trente ans, le régiment de M. le comte, son fils aîné, les charges de M. le vicomte, son fils cadet; son troisième fils, M. le chevalier, ira faire ses caravanes; elle marie sa première fille à un président à mortier; elle met son quatrième fils dans l'Église; elle fait entrer toutes ses autres filles dans quelque abbaye de province, où elles meurent à la fleur de l'âge et en odeur de sainteté. Bonne mère; il est doux de rêver ainsi, aux premières clartés de la lune de miel!

Quel cours d'histoire au Cours-la-Reine, et qui voudrait l'écrire arriverait à faire un livre à la plus grande gloire de ce siècle. Eugène, cependant, au plus fort de ce tumulte, promenait ses rêves et ses ennuis aussi calme que Régulus quand il voit de près dans le tonneau carthaginois, les pointes de fer sur lesquelles il va rouler. — Régulus tout brave qu'il était, regrettait en ce moment, sa douce maison de Tarente; Eugène, plus héros que Régulus, ne regrettait pas l'étude de son patron, non plus que les petites caresses que lui faisait sa patronne. Il ne doutait de rien, il espérait beaucoup, il aspirait à plus encore. Dans ce *va-et-vient* des beautés, des fourberies et des gloires passagères, dans ce murmure aux mille têtes, où la parole est une arme, le regard une tentation, le sourire une convoitise, il allait et venait, notre bel amoureux, sans rien voir et sans rien entendre que ces visions qui l'obsèdent, et qui suivent, à travers les espaces de l'âme, la belle et chaste image de sa voisine, Louisette Louison de la *Balance d'or*.

Bref, il venait d'entrer peu à peu dans ce moment heureux de l'amour non satisfait, où l'on jetterait aux pieds de sa maîtresse toute la série enflammée de ces diamants fameux, fils de la terre et du soleil d'Orient. — Voulez-vous, mon trésor, les diamants de l'impératrice Catherine ? Je vais les demander, de ce pas, à l'impératrice ; elle me dira : Prends-les, c'est pour ta maîtresse ! — Voulez-vous le diamant de Charles *le Téméraire ?* j'irai le demander au roi d'Espagne, et le roi d'Espagne ajoutera : Permettez-moi de baiser les mains de Louison, la première venue, ou la main à son choix. Le *régent*, que fait le *régent* à l'épée du roi ? que fait le grand-duc de Toscane du *Kohinor*, cette goutte d'eau du soleil ? A quoi peut servir, sinon à vous parer, ma chère âme, la *montagne de lumière*, et de quel droit le *Sanci* n'a-t-il pas fait retour à votre couronne ?..... Ainsi chantent les amoureux à leur première chanson d'amour ; voilà de quelles extases divines se remplissent la terre et le ciel, à la lumière pénétrante de deux beaux yeux.

O jeunesse, chanson d'un jour, cantique éternel. Le monde peut finir, le ciel peut crouler... les voix aimantes trouveraient encore un écho, dans les ruines de l'univers. Notre héros se chantait, tout bas, à lui-même, la douce cantilène des âmes contentes. Vous le savez, les couplets de ce chant de guerre sont à l'infini ; à chaque strophe du beau cantique, se dégarnissait le Cours-la-Reine ; une à une, bientôt, disparurent les héroïnes de la journée ; ce beau monde était à bout de cette revue et s'enfuyait au plus vite, sauf à recommencer demain ! On s'était vu tout à l'aise ; on se savait par cœur, et toutes les conventions tacites étant bien arrêtées, on ne songeait plus qu'à s'enfuir. Ce fut alors une débâcle immense ; autant le beau monde était venu en toute hâte, autant voulait-il disparaître en un clin d'œil. A cinq heures frappantes, tout disparut, et de ces sourires, de ces ironies, de ces adorations, de ces sarcasmes, rien ne resta... à peine quelques traces de la roue empreintes sur le sable, à peine des pas légers sur le gazon, à peine un bruit et un murmure. A cinq heures le soleil se couche, au Cours-la-Reine, même aux plus longs jours de l'été.

CHAPITRE IV.

CLAUDINE UN JOUR DIT A LUCAS, J'IRAI CE SOIR DANS LA PRAIRIE.

Le silence et la solitude avertirent enfin notre amoureux que l'heure de la méditation était passée, et qu'il était temps de dîner et de prendre un parti. Eh! c'est un fait : Némorin prend congé d'Estelle, et rentre au logis, poussé par la faim; don Kyrie-Eleïson de Montauban, quand il a poursuivi, tout le jour, la demoiselle *Blaisir-de-ma-Vie*, s'en va frapper à la porte du château voisin, et demande à souper. Elle-même, Niobé, dans l'*Iliade*, affligée autant qu'on peut l'être, elle n'oublie pas, le soir venu, de prendre quelque nourriture. Le philosophe Sénèque s'en étonne; il en parlait bien à son aise, ce bon Sénèque, il était dans l'âge où l'on n'a plus d'appétit : l'amour est rassis, le pain est dur.

Eugène battit en retraite, il est vrai, mais comme un lutteur des jeux Olympiques, habitué à la faim, à la soif. Passer sous *la Balance* à cette heure était dangereux; il pouvait rencontrer le patron, qui lui demanderait compte de cette école buissonnière; attendre à demain pour saluer la muraille où disparaît mon étoile, est-ce possible! Il reprit donc son chemin par la rue Saint-Denis; *la Balance d'or* était fermée, les volets étaient posés, pas un bruit et pas une lueur ne s'échappaient de cette obscurité et de ce silence... Écoutez bien, cependant, ne dirait-on pas une voix qui chante aux accords frissonnants de la corde sonore? On chante, en effet, et c'est elle qui chante ! Elle tient sur ses genoux, entre ses bras divins, la tête penchée, à travers ses beaux cheveux flottants, le théorbe obéissant à cette voix si douce, à ces doigts agiles, à ce beau corps qui l'enveloppe et le protége; on dirait l'âme et le corps. Elle chantait une chanson tendre ; en voici le refrain :

> Vivez avez Iris dans une paix profonde,
> Et ne comptez pour rien tout le reste du monde.

Au refrain, la belle élevait un peu la voix, et ces paroles inutiles arrivèrent à l'oreille de son amant. Je dis *inutiles* : à quoi bon nous pousser où nous allons? Inutiles, ajoutons : et *dangereuses*, car ces paroles de tentation et d'oisiveté, qui ont servi de thème à toutes les chansons de ce vieux siècle, réunissaient dans un accord parfait, les deux plus fortes tentations de l'homme, à savoir : la paresse et l'amour.

Vivre à l'ombre de la beauté qu'on aime, à la regarder, à l'entendre; savez-vous une plus belle vie? Une paresse agitée et contente, une oisiveté pleine de caprices et d'heureuses fadaises, quoi de plus aimable et de plus charmant? L'Amadis et ses fêtes, l'Astrée et ses enchantements, les bouviers de Théocrite, les chevriers de Virgile, les bergers de Moschus, les pêcheurs de Sannazar, qui n'a chanté que les pêcheurs, autant d'amis, autant de rêves de nos beaux jours! Eugène était rempli de ces fêtes de l'oisiveté amoureuse, et plus sa jeunesse avait été enfouie dans l'abîme du papier timbré, plus sa maîtresse avait vécu jusqu'alors loin du soleil et de ses rayons, plus notre héros était tenté de pleurer sur lui-même, plus il s'écriait, en songeant à sa voisine : Elle et le soleil! Et justes dieux! ce serait grand dommage s'ils restaient étrangers l'un à l'autre, Louison et le soleil, ces deux chefs-d'œuvre.

Nous avons dit qu'il avait fait quelques études en belles-lettres et en escrime; il avait étudié le droit et la logique, et cette science précoce nuisait, en ce moment, à ses amours. Il hésitait, il se troublait; sa science était un remords.

Plus la logique et le droit son compère lui servaient à diviser, à définir, à augmenter, à argumenter, à chicaner, à disputer, à défendre tour à tour des opinions opposées; plus la chicane et la logique, sa sœur, avaient enseigné à cet enfant leur souplesse, leurs séductions, leurs déguisements et leurs tromperies, et plus, dans cette procédure précipitée, il se trouvait embarrassé à débattre en lui-même la plus grande résolution qu'il eût débattue en toute sa vie. Vainement allait-il à sa maîtresse à travers les cinq universaux, Louison disparaissait tantôt sous le *genre* et tantôt sous l'*espèce;* il la perdait de vue entre la *différence*, le *propre* et l'*accident*. La forme et les formalités du mariage apparaissaient à ce cœur indécis, avec le cortége infini des délais, des hésitations, des doutes, des commentaires, des contrats. Rien que les trois bans du mariage, prononcés haut et clair, y pouvait-on songer? Ça prendra trois semaines, ces trois bans, et l'on apprendra à tout le monde, que M. Eugène est amoureux de mademoiselle Louison ! Et ces longues fiançailles, et ces noces où il faudra inviter toute l'étude, y compris la patronne et le patron ! Il est vrai qu'il y a d'honnêtes gens qui se marient sur une promesse ; souvent même une lettre suffit, moins qu'une lettre, un simple billet. Ne se mariait-on pas, dans l'âge d'or, sans contrat et sans notaire, et en serons-nous moins mariés, pour avoir fraudé les droits de l'Église, et pour n'avoir pas fait nos petites confidences à tout venant? *Legis hæc arcana sunt !*

Le procès qui s'agitait en son âme dura, j'en conviens, moins longtemps qu'un procès aux requêtes de l'hôtel du roi, mais jamais procès ne fut accompagné d'agitations et d'incertitudes plus cruelles. Tantôt il se condamnait à filer longtemps, lentement, le parfait amour; à tirer, de son cœur timoré, les espérances les plus timides et les plus modestes; à faire le siége de sa bergère, à force de tendres regards, d'assiduités, de plaintes, de larmes, et même de fureurs. Tantôt il gagnait sa cause à brûle-pourpoint; il allait droit au fait, il n'attendait pas un jour, pas une heure; et pour que son premier amour fût quelque chose de grand, il entrait hardiment chez sa maîtresse, il lui disait tout simplement : Je t'aime! et la dame lui disait : Aimez-moi. Alors elle et lui, de bon cœur et résolument, ils prenaient ce beau chemin des jeunes gens et des jeunes femmes, que l'on appelle le chemin des écoliers, et pour quoi dire? Ils vont, par ces chemins choisis, aux écoles de l'amour!

Tant et tant il rumina le pour et le contre de la prudence et de l'imprudence, en sa tête bouclée, qu'il finit par s'endormir.—Le sommeil! Ah! le sommeil! N'en disons pas de mal! Il a tranché bien souvent des nœuds gordiens qui semblaient défier les amoureux, à leur première campagne. On dort, et l'âme errante s'en va, d'un trait, dans l'atmosphère de cette belle amoureuse qui dort à tant de distance, si bien que les deux âmes se rencontrent, et qu'elles marchent de concert, contentes, amour le sait!

en pleine voie lactée, en pleine espérance.

A peine endormi, il fut visité par un songe, tout frais sorti de cette alcove à part où la porte aux deux battants réunit la corne à l'ivoire, la réalité au mensonge, le possible à l'impossible. Homère n'a pas indiqué cette porte opaque et diaphane, brune et blanche tout ensemble, au seuil de granit rose, serrure de fer, clous de diamants et la clef d'or. Dans ce cabinet des fées était renfermée l'image flottante de Louison, et à minuit, l'heure des amoureux et des fantômes, Louison franchit, d'un pas léger, le royaume des songes, et dans cette lumière bleue qui sert de manteau aux plus beaux rêves, elle se montra, souriante, accorte, heureuse, la perle aux dents, la neige au sein, les yeux tendres, ces yeux qui vous disent : Nous renonçons au métier de cruelle! Elle était toute semblable à cette jeune fille, au sein demi-voilé, que Greuze nous a montrée heureuse, et pleurant sa cruche cassée. Elle pleure, uniquement parce qu'elle veut être consolée. Il y avait, même dans cette honte, ces jolies petites façons, si chères à la pudeur, parce que, la plupart du temps, la pudeur n'a pas d'autre profit que ces refus, ces résistances, ces obstacles, ces petits semblants qui sont la petite monnaie de l'innocence, et l'assaisonnement du bonheur.

S'il fut hardi dans son rêve, et si elle fut tremblante; s'il osa parler, elle ne sachant que répondre; s'il fut éloquent, autant que le grand Gerbier en personne, aux genoux de madame Vestris, qui l'écoute avec un sourire, il faut le demander aux amoureux et aux amoureuses du présent mois de mai. Enfin, enfin, après des transports incroyables de passion et de vertu des deux parts, et après avoir bataillé contre son cœur, plus fort que son orgueil, elle finissait par ne plus répondre... elle consentait! Alors il jura, par ce beau sein que lui avait montré le rêve, qu'il irait dire à Louison tout éveillée les belles choses qu'il venait de lui dire en rêve... Elle lui tendit la main et elle disparut, image rougissante de la pudeur. Son geste et ses yeux disaient assez : *Je vous attends!*

Il se réveilla à la pointe de ce beau jour, l'horloge chantait l'*Angelus*, et l'*Angelus* chantait :

Livrez-vous, jeunes cœurs, au dieu de la tendresse!

— Allons, dit-il, j'ai rêvé qu'elle m'appelait... elle m'appelle ! Il se mit à la fenêtre (il habitait une des mansardes de la maison Brouillon de Joux) et il vit que le frais matin se balançait, un pied de ci, un pied de çà, dans chaque plateau de la Balance d'or. La balance allait et venait, comme fait la fortune, haut et bas, cherchant l'équilibre; on eût dit qu'elle pesait les destinées de ces enfants : tant pour le berger et tant pour la bergère! tant de sourires et tant de larmes! Peu à peu, les deux plateaux de la balance cessèrent de monter et de descendre; les deux plateaux venaient de trouver que le jeune monsieur valait la jeune dame : le poids était égal des deux parts. —

Vous voyez bien, ô mes chères balances! disait le jeune homme, que Louison est faite pour moi, que je suis fait pour Louison! — Puis, comme le vent pouvait remettre toutes choses en question, il laissa tomber sa fenêtre, et il se mit en devoir d'accomplir le serment solennel que, cette nuit même, il avait juré entre les mains de Louison.

Justement, l'heure était propice et le jour bien choisi : on était au samedi, le paternel voisin du joyeux dimanche, et, pour comble de fortune, à cette heure même tintait, d'un son argentin, la fin du mois, cloche d'argent au battement d'argent. Tin! tin! tin! c'est la fin du mois qui retentit, claire et limpide, au-dessus du coffre fermé! A l'appel de cette minute heureuse, le coffre s'entr'ouvre, et laisse échapper à regret les gages du pauvre diable; il s'ouvre à pleins battants, pour les honoraires des gens aisés. Tin! tin! et tin! Ainsi sonne et sonne la fin du mois; elle réjouit, elle récompense, elle console, elle rend à la créature humiliée, un front superbe et fait pour les cieux. Tin ! tin ! et tin ! A ce signal bien connu, s'abaisse toute barrière ; on ne pouvait plus passer par ici, on y passe ; on n'osait pas regarder ce tailleur armé de sa dette, on le regarde, de haut en bas, comme un événement ! Et tin ! tin ! et tin ! Ceci veut dire : Tu peux sonner à ma porte, qui que tu sois, elle s'ouvre et je suis visible. Il était temps qu'elle sonnât, cette heure suprême ; le pain même, à la fin de ce long mois, devenait dur. Fin du mois, ô fin du mois ! la fortune du pauvre, la richesse du manœuvre, la liberté de l'esclave, l'idéal de l'artiste, la récompense du malheureux, attaché à la glèbe. Fin du mois, chère au dieu du vin, quand on est vieux ; chère à l'amour, quand on est jeune. Qui possède, te fête, et qui n'a rien, t'aime encore. Heureux qui commence à vivre, à la fin du mois ! Heureux qui peut vivre paisiblement, tous les jours de l'année, sans hâter de ses vœux, ces heures qui passent, vous volant trente jours pour quelques écus. Tin ! tin ! et tin ! La fin du mois sonne aussi bien, sinon tout autant, pour les clercs de procureur, que pour les grands officiers de la couronne. Elle sonnait, chaque mois, pour M. Eugène, une demi-douzaine de petits écus à son étude, une douzaine de petits écus chez son tuteur. Avec tant d'argent et tant d'amour, qui ne serait pas riche, en ce bas monde? Quelque malheureux millionnaire, tout au plus!

Lorsqu'il entrait vainqueur à Syracuse, on raconte que le beau Gylippe portait au bout de son épée, une étoile! Une étoile tombée de ce beau ciel, afin d'éclairer le triomphe du jeune homme! Eugène, entrant chez sa voisine matinale, portait, mais au front, son étoile. Il entra chez cette belle, à qui il n'avait parlé qu'en rêve, aussi tranquille, et plus heureux que monseigneur le duc de Bourbon chez mademoiselle Marquise, d'un pas aussi net (le cœur était moins calme) que monsieur le duc de Coigny, le premier écuyer, lorsqu'il va demander au roi, le mot d'ordre, et prendre les ordres de madame la duchesse d'Ayen, M. le duc d'Ayen, capitaine des gardes, étant de quartier au château. C'est l'amour qui fait ces miracles ! L'amour, pour peu qu'il s'en mêle, a si bien fait, que le comte d'Agénois, à la tête de ses gendarmes, a rendu les armes à une grisette ; l'amour, sous les traits d'une Champenoise, a fait baisser pavillon au duc de Brissac, capitaine général des Suisses ; — les Suisses eux-mêmes, les Suisses ! souriaient des faiblesses de leur capitaine-général.

Quand notre capitaine-colonel, Eugène, se présenta chez la dame de ses pensées, elle ne vit d'abord que son étoile; elle vit ensuite, à la clarté de cette étoile amoureuse, le beau jeune homme qu'elle entrevoyait chaque jour un peu davantage. Il n'était déjà plus cet amoureux inquiet et timide qu'il était la veille encore; on sentait que l'esprit, l'argent et le courage lui étaient venus, tout à la fois, et qu'il était bien décidé à s'en servir. Il arriva, d'un bond, frisé, pomponné, en bas blancs, le soulier verni, les boucles neuves, un œil de poudre à ses cheveux; il portait un habit nacarat à boutons d'or. Justement la dame était hors de ses remparts, je veux dire hors de son comptoir, et elle fut prise à l'improviste, par ce nigaud qu'elle avait coutume d'épier, en cousant.

Il parla comme il était entré; il était entré du bon pied, on peut le dire; il parla sans chercher ses mots. Il raconta, franchement, qu'il était amoureux, et il était facile de voir que c'était pour tout de bon. Cela dit, il ajouta qu'il serait bien content et bien heureux s'il était agréé par la dame et souveraine maîtresse de ses pensées; il avait hésité longtemps pour savoir s'il serait timide ou hardi avec elle, et enfin de compte il s'était décidé à se montrer hardi. D'ailleurs ils se connaissaient, elle et lui. Elle savait bien qui il était, elle le voyait assez chaque jour, il la voyait, lui, mais si peu! C'est pourquoi il demandait la permission de la voir, une ou deux fois tout au moins, à l'aller et au retour.

— « Mon Dieu! ma voisine, je sais bien que ça n'est pas très-glorieux un troisième clerc, mais un voisin! D'ailleurs, si vous ne voulez pas m'ouvrir votre porte, eh bien, souffrez que je m'arrête sur le seuil, ou que je vous voie à travers les vitres jalouses, et souriez-moi quand je passe, ma chère âme. » Il parlait ainsi, il parlait bien. On a vu certainement de belles mines d'amoureux, on n'en a pas vu une pareille. Il était si calin! Il vous avait, avec un léger accent du midi, un petit jargon parisien tout à fait aimable à entendre; il se taisait, aussitôt toute son éloquence passait dans ses yeux, si bien qu'il n'y avait pas de défense contre ce doux parler, ce beau silence, cette éloquence de la personne, et ces sentiments du cœur dans lesquels se montrait la tendresse, jusqu'au superflu. Ah! le fourbe s'il n'eût pas été le plus innocent de tous les novices! Et quelle femme, le voyant si dévoué et si tendre, eût songé à prendre ses sûretés?

Au reste, il s'aperçut bien vite qu'il avait

eu raison d'obéir aux pressentiments de son cœur. On le reçut mieux qu'en ami ; on pâlit à sa vue, et il se trouva, un samedi, que l'on s'était endimanchée à l'avance. Ils en savent long, ces cœurs ignorants, ils arrivent, bientôt, ces amours qui marchent à pas de tortue ! Est-ce donc que le rêve avait visité Louison, ou que la balance l'avait avertie, en l'éveillant : faisons-nous belle aujourd'hui, Louison ! Ainsi elle l'écouta souriante et silencieuse, et nullement étonnée ; depuis huit jours elle s'était rendue, à vrai dire, sans qu'il fût besoin d'un grand tintamarre, ou d'une chamade de clairons et de trompettes. Elle avait aimé son jeune voisin un peu avant qu'il l'aimât, cependant elle avait pris le soin de ne pas lui donner une grande avance sur elle-même ; prudente, elle voulait que si le double plateau de la balance avait à pencher quelque jour, le plateau-Louison ne restât pas à s'agiter dans le vide.

Au fait, s'est-elle abandonnée à ces raisonnements ? je n'en sais rien ; elle les aura faits d'instinct, tout au plus. Elle n'avait pas, Dieu merci ! tant de prévoyance ; elle en savait juste assez pour savoir que les beaux yeux sont faits pour parler, que les oreilles sont faites pour entendre, et qu'il ne faut pas toujours se fâcher quand un jeune homme de bonne volonté va un peu trop vite en amour. D'ailleurs, le moyen de se défendre, bergère, quand l'heure de ton berger a sonné ? Quant à dire *non*, lorsque c'est *oui* que l'on veut dire est-on la maîtresse de son cœur? et, après tout, la grimace étant épuisée, car toute passion a sa grimace, il faut bien finir par être vraie.—Elle fut vraie, et tout de suite elle excusa, elle devina, c'est tout un, les extravagances charmantes qui germaient et s'épanouissaient dans cette tête bouclée; et comme, en fin de compte, ces deux amours jumeaux, astres brillants et inséparables, suivaient le même sentier, quoi de plus simple que de sortir demain au matin, l'un et l'autre par la même barrière, et d'aller, loin de Paris, ce lieu de tumulte et de peine, dire l'oraison de Saint-Julien, ou chanter le premier couplet du *Cantique des Cantiques* au milieu des bois de Vincennes! — Est-ce vrai, cela, ma voisine? disait Eugène, serez-vous prête de bonne heure, et me promettez-vous que nous reviendrons bien tard?

Il disait déjà ces choses-là du ton de l'homme sûr de son fait, et toutes les persuasions de sa prière contenaient, en germe, une réponse favorable. En ce moment Louison se rappella, assez mal à propos, certains coups d'œil et certains airs fâchés tout au plus dignes de sa trisaïeule, elle fut même sur le point de se fâcher pour tout de bon, comme elle l'eût fait à un sonnet, à un madrigal, ou à quelque tirade de l'*Epître à l'hymen*, par M. Collé; mais en ce moment le ciel qui était sombre, s'éclaircit, et ce tiède rayon promit pour demain une belle journée. Elle ne dit pas *non*, elle ne dit pas *oui*... c'était promettre. Elle n'avait donc pas lu le proverbe : *Un ange sous ta fenêtre, ferme aussitôt porte et fenêtre.* Ainsi se taisant l'un l'autre, et se tenant la main à peine, il fut convenu, (dites-moi comment,) puisque la rue Saint-Denis était triste à ce point, puisque la campagne était belle, et délicieuse la saison, et que le ciel même, leur complice, les semblait inviter à se sauver, lui de l'étude, elle de la boutique, de la ville tous les deux, elle ne voyait pas d'obstacle, non, demain, avant la messe matinale, à aller respirer le bon air, en pleins champs, au delà du faubourg Saint-Antoine, et loin de cette masse de pierres amoncelées, la Bastille, ennemie acharnée et féroce de l'espace, de la clarté, des frais ombrages, des galantes chansons.

Ceci étant bien vu, bien convenu, — malheur à qui se dédira! — Eugène enfin prit congé de sa jolie voisine, qui le suivit du regard, mais cette fois d'un regard qui voyait loin dans l'avenir.

Il allait rentrer dans l'horrible allée qui menait à son étude... Elle le rappela d'un petit cri si joyeux !

— Mon amoureux, lui dit-elle, comment vous nomme-t-on?

— Eugène de Jadis, madame, marquis d'Autrefois, pour vous aimer. Et vous?

— Moi, je m'appelle Aurore-Louisette-Louison-d'Aujourd'hui, reine de Demain, pour vous servir.

CHAPITRE V.

A PEINE NOUS SORTIONS DES PORTES DE TRÉZÈNE.

Le lendemain, la cause entendue et jugée avec une célérité que le roi Louis XIV eût volontiers applaudie à l'âge de mons Eugène, et sans autre *délibéré,* nos deux amoureux, réveillés à l'aurore, se rencontrèrent, par hasard, sous les murs de la Bastille, et tant que ces vieilles tours purent les voir, ils marchèrent silencieux, à dix pas de distance... Orphée osant à peine tourner ses regards attristés du côté d'Eurydice. Cette Bastille faisait peur, même à l'amour; à travers ces murailles sombres, les jeunes gens voyaient suinter les larmes des captifs, ils entendaient leurs sanglots, ils assistaient à cette agonie immense.— Interrogez le faubourg Saint-Antoine, il vous dira que l'on ne riait guère à l'ombre hargneuse de la *tour de la Liberté.* C'était ainsi : la prison sans loi et sans frein, dans la ville déjà émancipée; Voltaire et le gouverneur de ces bastions ; l'aménité et la roue; les lois et le bon plaisir. Au reste, on la retrouvait en tout lieu, cette Bastille; au sommet des hautes montagnes, dans le fond des riantes vallées; elle domine les plus beaux paysages, elle commande aux rives les plus limpides; elle était l'exemple, le modèle, la reine-mère des châteaux de Charenton, de Pierre-en-Cise, de Joux, de Ham, de Saumur, de Lourdéac, et du château de Vincennes, son digne voisin et compère, avec lequel elle avait des relations de chaque jour.

Mais, — pour qui n'était pas un *libre penseur,* cette mauvaise impression de la Bastille menaçante ne durait guère ; aussitôt que le factionnaire, placé sur ces hauteurs, ne pouvait plus vous suivre de son regard envieux, le beau sang des jeunes années revenait à la joue heureuse, et la vie interrompue un instant, se révélait de plus belle, à ces jeunes cœurs. Bientôt le pèlerin se rapprocha de la pèlerine, et dans ces beaux yeux, si doux la veille, il vit resplendir un feu clair, brillant et de bon augure ; on voudrait, en ces instants trop rares, adorer sa maîtresse comme les Anglais servent leur roi, le genou en terre. Nos amoureux se hâtaient de fuir (la vie entière est une fuite), on eût dit (on eût dit vrai) qu'ils avaient peur de quelque voix qui les rappelât, une fois lancés dans l'espace. Peu à peu cependant le faubourg se réveillait aux cloches joyeuses de ses églises, de ses monastères, de ses chapelles, et la porte franchie, une fois en plein air, le gazon sous leurs pieds, le ciel sur leur tête, mes yeux sur tes yeux, ta main dans ma main, et marchant du pas léger de l'été, quand la pluie a rafraîchi le sol brûlant, ils commencèrent à se rendre compte, au fond de leur âme charmée, de l'excellente beauté de l'univers et des œuvres du Créateur.

Ils étaient, comme on dit, à deux de jeu. Figurez-vous l'Apollon de Leucade donnant le bras à Pasithéa, cette Grâce mariée par Homère. Il était beau, il était jeune, léger comme un cerf, et droit comme un jonc; il s'enivrait, vous le savez, grands dieux! du spectacle de cette déesse transportée elle-même de son bonheur. Elle, de son côté, semblait lui dire, non pas du bout des lèvres, du fond du cœur: « Tu penses bien! je t'aime; et si tu me trouves belle autant que tes yeux me le disent, j'en rends grâces à ma beauté, elle me rend aussi heureuse et aussi fière que je le serai de ma vie. » Elle était vêtue à ravir : un chapeau de paille noué d'un ruban rose, avait peine à couvrir cet épais chignon à rendre jalouse madame de Pompadour. Son ajustement, moitié ville et moitié campagne, avait le grand mérite de laisser voir, sans les montrer, toutes ces beautés dont le compagnon se doutait, tout au moins : la taille de Junon, le bras de Minerve, un pied d'enfant dans un brodequin mordoré; ainsi faite, elle réunissait tous les genres de beautés galantes et de grâces tendres : elle était Marton et Thaïs tout ensemble, Finette et Phryné. Ses yeux étaient prêts à beaucoup promettre, et sa bouche était disposée à tenir ce que promettaient ses yeux; cette bouche était riante et vermeille, et le vent frais qui frappait ces belles joues leur donnait le rose vif de la santé et du plaisir.

« Je crois voir Hespérus sortir de l'Occident du sein des eaux ! » eût dit un poëte à la voir secouer de temps à autre la rosée matinale.

Elle portait, sur l'épaule droite, au bout de son parapluie en taffetas d'un bleu foncé (il fait beau, prends ton manteau!) un léger panier de bonne apparence, dans lequel elle avait enfermé, par hasard et par instinct, ses plus belles nippes : deux jupons ourlés à petits jours, une robe ouverte et sans manches, trois chemises en batiste garnie, des mules en petit vair, deux dormeuses de jour festonnées à trois rangs, son fichu en dentelles, un corset du matin, en mousseline, chamarré de bleu et de rouge, un miroir de poche, des mouchoirs, des bas de coton, son collier de grenat et ses boucles d'oreilles en corail. Elle n'avait oublié ni son argent dans une petite bourse en chamois, ni sa croix d'or ; — elle avait même fourré dans un coin de toutes ces belles choses, un cornet de dragées du dernier baptême; son *nécessaire* était au grand complet, moins le dé et les aiguilles. Ah ! c'était une fille de bon conseil pour elle-même, et qui savait par ouï-dire que ce n'est pas toujours du superflu d'avoir deux cordes à son arc. Elle savait aussi que la fille la plus sage, une fois échappée au joug, s'en va souvent un peu plus loin qu'elle ne voulait aller, au départ;

au fait, une fois libre, chaque moment et chaque ruban a son prix.

Le jeune Monsieur, à qui l'on avait enseigné les premiers éléments de la guerre et qui avait lu dans les *Commentaires* de César, que les équipages de route s'appelaient des empêchements, *impedimenta,* n'avait pas poussé la prévoyance aussi loin que sa compagne, et, certes, il n'emportait dans ses poches ni le *Système de la nature*, ni le *Dictionnaire philosophique*. Il avait prêté une oreille attentive aux conseils que le diable lui avait soufflés, la nuit passée : Il faut partir, disait le tentateur, et après nous le déluge, comme pour le roi Louis XV ; tu n'as guère d'expérience, à quoi bon l'expérience? Elle te viendra, juste au moment où tu ne sauras plus qu'en faire. Une fois parti, si tu ne veux revenir sur tes pas, brûle tes vaisseaux, c'est l'*a b c* des conquérants. Ainsi a commencé Guillaume le Bâtard ! Tu n'as rien, prends ton épée, et du reste ne t'inquiète guère. A qui n'a rien, appartient le monde; les voleurs le laissent passer et le saluent, chapeau bas! Tels étaient les conseils de Satan, et notre jeune clerc obéit à ces inspirations comme à un arrêt en robes rouges, et voilà comme il était parti, disant à part soi, en vrai héros de grand chemin : Pourquoi tant s'inquiéter? nous trouverons des chemises sur tous les buissons.

Quand nous disons un clerc, nous disons mal; tout ce qui appartenait au corps illustre des clercs de procureur avait disparu au fin fond du dernier sac où mons Eugène avait cousu sa dernière procédure, à l'instant même où de sa main tremblante d'émotion il avait attaché à sa ceinture l'épée de son père. Ce n'était pas une épée d'été et de parade, c'était une vraie arme, montée sur quarte et de quatorze pouces de longueur ; elle sentait la poudre et le tumulte des batailles; la poignée avait gardé l'empreinte d'une main virile; sur le large pommeau se voyaient encore le chiffre et les armoiries du vaillant capitaine à qui avait appartenu cette lame formidable; on eût dit que déjà elle avait reconnu son maître en ce jeune homme, tant elle convenait à sa taille, tant elle s'ajustait à sa démarche ; pour bien des enfants à cet âge, une épée était un jouet, pour notre héros, c'était déjà un porte-respect.

A chaque pas qu'il faisait dans la libre campagne, il laissait dans la poussière des sentiers les derniers vestiges de ces deux ou trois années perdues en l'étude de maître Brouillon de Joux. Le plus habile et le plus retors praticien du grand ou du petit Châtelet, eût flairé ce jeune muguet, il n'eût pas retrouvé dans cette élégance de la tête aux pieds, un grain des senteurs du palais, un pli des anciennes habitudes; en un clin d'œil le gentilhomme avait prévalu sur l'enfant de la basoche, le soldat avait tué l'apprenti procureur; bientôt le soldat était passé capitaine, la chrysalide s'était faite papillon, et maintenant qu'il a franchi en si belle et si chère compagnie, les deux lieues qui séparent la ville de la forêt, maintenant qu'il a respiré l'air de la liberté, tel qu'il soufflait de la Bastille au château de Vincennes, essayez, pardieu! de le ramener à la gêne, à la glèbe, à la copie, au carcan, au pain dur de *la Balance;* à ces dîners de l'âge d'or, sur une table de fer !

Il allait aussi léger et plus amoureux que Zéphyre, l'époux de Chloris Arsinoë dans les vers de Catulle : Arsinoïs Chloridos. — Elle marchait, semblable à Lycoris, cette lumière ! Ils allaient en silence, étonnés (non inquiets), lui de son audace, elle de son courage ; elle, presque hardie et lui, quasi honteux, car elle était en ce bel âge où toute fille n'est plus un enfant, pendant que son amoureux venait à peine de revêtir la robe virile, à telle enseigne qu'il se sentait embarrassé quelque peu dans ses longs plis?—Elle était bien Statira, il n'était pas encore Orondate ; il avait l'air de la suivre et non pas de la conduire ; tout ce qu'il pouvait faire, c'était de marcher à côté d'elle, et du même pas.

Ces jeunesses! ça ne voit rien que soi-même. Ils suivaient cependant, en suivant ces parcours, les traces célèbres que le nouveau maître et seigneur de cette société chancelante — le paradoxe, avait suivies naguères dans la personne du futur citoyen de Genève, Jean-Jacques Rousseau, lorsqu'il s'en allait dans le parc de Vincennes, pour embrasser Diderot, son ami, captif un instant sous ces beaux arbres. L'ombre même de l'Abbaye est féconde, disait-on autrefois, à plus forte raison l'ombre des prisons d'État est féconde, s'il s'agit d'y voir germer la résistance et la révolte. Entre ces deux ombres, entre ces deux menaces, la Bastille et le donjon de Vincennes, de l'un à l'autre de ces remparts qui pouvaient se réunir et l'étouffer, se révolta ce génie à demi réveillé, qui allait enfanter de si longues et si terribles révolutions. Sur la lisière de cette forêt où nous entrons, il se jeta, hors d'haleine, et déjà invoquant dans une prosopopée fameuse, l'image menaçante de Fabricius.

A la voix de ce sophiste qui l'invoquait au fond de ses abîmes et de sa ruine, répondit, éloquente et vengeresse, l'antique société du monde romain, et de ce germe déposé dans la poussière des cachots, surgit bien vite une précoce et féconde moisson de doutes, de haines, de colères, de blasphèmes, de misères. Ce chemin est, à vrai dire, le chemin de Damas où les yeux de saint Paul se sont ouverts? *èphêta!* Là se sont ouverts les yeux de Jean-Jacques Rousseau, ébloui le premier de la confusion ardente de ces vérités, de ces erreurs, de ces mensonges, qui l'étourdirent (il en convient) jusqu'à l'ivresse. Or, si lui-même il s'enivre à la coupe écumante de son paradoxe à peine brassé, vous pouvez vous figurer à quel point cette fièvre et cette ivresse, se répandirent de proche en proche, de tourbillons en tourbillons, éblouissant tous les yeux, soulevant toutes les âmes, domptant, fatiguant, écrasant les esprits jusqu'alors les plus fermes, les plus croyants et les plus fidèles. Et maintenant c'est à vous à trembler, tours et tourelles, cachots et prisons, lois et murailles, couronnes et carcans, force et justice, droits et devoirs, trône et autel, car de ces sables, foulés aux pieds de Jean-Jacques, l'illuminé et le voyant, vont sortir plus de vengeances et plus de haines qu'il n'en fut engendré dans cette poussière, mêlée au sang, que lançait Caïus Gracchus en défi, à ses dieux irrités !

Mais un jeune homme qui vient de faire deux grandes lieues en route si fortunée et par l'aurore d'un beau jour de l'été, en compagnie intime de la dame et maîtresse de ses pensées, et la belle fille qui pour la première fois, donne le bras à celui que ses yeux et son cœur ont choisi, comment voulez-vous qu'ils s'attardent à nos histoires? On leur montrerait Rousseau en personne, ivre de son idée, au pied de son arbre fatidique, et décidant, en son âme et conscience, c'est-à-dire : *à pile ou face? que les progrès des sciences et des arts ont contribué à corrompre les mœurs*, ils répondraient : *Grand bien lui fasse!* et puisse l'académie de Dijon couronner ce fou glorieux ; quant à nous, la philosophie et l'amour nous semblent d'une alliance impossible ; à qui veut s'en donner la peine, nous laissons le soin de bâtir des systèmes et de renverser des empires ; de tout ce qui se trame, en ce moment, contre l'auréole et la couronne, il ne nous soucie guère ; nous marchons depuis l'aurore ; nous sommes déjà las ; le soleil monte et se fait sentir, la forêt fraîche et verdoyante s'ouvre enfin et nous appelle..., bonjour à vous, monsieur Jean-Jacques, et tâchez d'être heureux avec honneur ! Cherchez des joies qui ressemblent à nos joies, une fortune égale à nos fortunes, des amours aussi beaux que nos amours ! Et les voilà ces deux enfants du bon Dieu et de la jeunesse qui se précipitent tête baissée, sous ces ombrages, sans même honorer d'un coup d'œil ces cachots dont le pied touche à l'abîme et le sommet à la nue ! Pauvre donjon ! — Mirabeau n'y était pas, Diderot n'y était plus. — Inutiles remparts !

renversés par ce Genevois encore tout souillé de la livrée et des vices de l'antichambre! Faute d'un écu pour prendre un fiacre, il allait à pied; et, pour charmer les ennuis du chemin, il démolissait les lois, les coutumes, les mœurs, les croyances de cette nation qui lui donnait asile; il s'enivrait, ce vagabond de génie, de la poussière sépulcrale du vieux monde français.

Vincennes était d'ailleurs une prison moins formidable et moins redoutée que la Bastille. Cette masse armée était comme perdue en cet abîme de verdure, et même dans cette verdure un coin de prison *ne fait pas mal*, disent les peintres — et fait même bien, ajoutent les romanciers et les poëtes. C'est la loi des contrastes qui le veut ainsi, et quand le contraste se tourne en grâce et en leçon, le charme est complet.

Eugène et Louison, qui n'étaient pas, tant s'en faut, de grands artistes, encore moins de grands philosophes, et qui n'avaient rien à reprocher aux progrès des sciences et des arts, ne virent en tout ceci, que la vaste forêt, le beau temps, le beau ciel, les vieux arbres, l'épais gazon, et la fière saison où tout chante, jusqu'au hibou, où tout fleurit, jusqu'aux épines, et tenez-vous pour assurés qu'ils n'eurent pas grand souci de la citadelle, et de savoir si l'eau des fossés était profonde et si le parallélogramme était exact. Eh! Dieu! chers enfants, voilà en effet un logis qui ne saurait garder un couple de pigeons qui s'envolent ; rassurez-vous, la *Tour du Diable* ne sera jamais un colombier.

Or, savez-vous, les heureux! en quel lieu du parc ils ont pris leur volée, à quelle ombre ils se sont assis, elle et lui, sans en demander le congé à personne?... A l'ombre même, et sous le chêne du roi Saint Louis! Ombre sacrée, et bienveillant ombrage, ils n'avaient jamais vu des plaideurs mieux disposés à accommoder à l'amiable, un procès d'un arrangement plus facile. J'imagine que le vieux roi

Saint-Louis, qui ne riait guère, — en sa qualité de sergent de Dieu, — aura souri du haut de cet arbre animé de son souffle, à l'aspect de ces amoureux si disposés à se rendre justice... et tout d'abord ils se rendent à eux-mêmes cette justice, Eugène, qu'il n'a rien vu de plus charmant que sa maîtresse, et Louison, rien de plus beau que son amant.

Vraiment ils faisaient à eux deux une belle paire de visages, et l'on reconnaissait, en ce temps-là (nos pères s'y connaissaient mieux que nous), qu'en fait de beauté le visage est tout, ou peu s'en faut; c'est par le visage que l'on est belle, il est une promesse, il est une espérance, il est une caution pour tout le reste. Sous le roi Louis XV, on ne séparait pas dans la beauté humaine les diverses beautés dont elle se compose et qu'elle doit réunir, si elle veut être adorée. Ainsi l'on ne disait pas d'une laide : elle a un joli pied, un beau bras, une belle main, une belle taille... c'était le beau visage qui faisait la main et la taille, il était l'arbitre et le sergent de toutes les grâces acquises ou naturelles; sans un beau visage les autres grâces et les autres charmes ne comptaient pas. A qui le voyait sourire, tout souriait; qui en était le maître avait tout; qui perdait la beauté du visage n'avait plus qu'à se faire carmélite ou chartreux.

Elle était donc en sa plus fraîche jouvence, et lui en son plus bel âge ; oublieux de toutes choses, l'un et l'autre ; ils se regardaient si tendrement, tant de passion brillait dans ces yeux, et tant de louanges inédites pétillaient sur ces lèvres, que plus d'une école de philosophie eût grandement modifié ses systèmes les moins austères, à les voir se regarder ainsi. Amenez donc ici même, maître Descartes, et conseillez-lui de prouver à notre jeune homme ébloui, que ces beautés qu'il a sous les yeux existent uniquement dans son regard, et non pas dans le regard de sa maîtresse; démontrez à ces enfants, la non-existence du feu, à la façon du physicien de Saint-Pétersbourg, vains efforts !

Le savant Berkeley lui-même, si sa bonne étoile l'eût conduit en cette route étoilée, aurait avoué de grand cœur, que ces deux amoureux gênaient quelque peu sa fameuse dissertation de la non-existence des corps.

CHAPITRE VI.

ILS ÉTAIENT DANS LEUR CHAR.

Mais si feu le trop ingénieux Berkeley ne passa pas, ce jour-là, par le bois de Vincennes, attendu que le bon docteur était mort, et que son apparence de corps avait été portée, depuis dix ans, dans une apparence de tombeau, un homme de campagne passait par le carrefour Saint-Louis, juste au moment où nos deux fugitifs se demandaient (il était temps!) : Où allons-nous? Inquiétude heureuse; on ne sait pas où l'on va, mais on est sûr d'arriver.

Il est vraisemblable que l'homme qui passait en ce moment dans sa charrette, attelée d'un vigoureux petit cheval, devina l'inquiétude et l'interrogation ; et , son cheval arrêté : Jeunes gens, dit-il, les poires seront mûres de bonne heure, et m'est avis que les enfants de Paris aiment bien le fruit, cette année. Voudriez-vous par hasard, vous contenter de ces bouleaux et de ces chênes, quand les jardins d'entre-Seine-et-Marne vous appellent? J'y vais, venez-y, s'il vous plaît ; on n'a rien vu quand on n'a pas vu le pays de Brie, je m'en vante, et, Cocotte aidant, nous y serons avant qu'il soit quatre heures du soir.

Justement (comme le hasard des amoureux fait souvent la nique à la Providence des honnêtes gens!), il se trouvait que, sauf le bénéfice d'inventaire, mon Eugène possédait, quelque part en Brie.... un château.... Fi ! vous dis-je, un château !..... un ami ! lequel ami (suivez bien la filiation) était le fils unique du régisseur de Fontenay, belle et noble terre seigneuriale appartenant, en propre, à l'héritier de M. le baron de Fontenay-Trésigny, conseiller-né (cela se disait) au parlement, l'un des plus riches et des plus jeunes magistrats de la cour de Paris, depuis que M. le prince de Tingry avait absorbé dans sa main comblée d'honneurs et de fortune, le nom, les priviléges et la richesse de la maison de Harlay. Le jeune M. de Trésigny, comme c'était le privilége de son âge, de ses grands biens, de son rang et de sa magistrature assise aux plus hauts siéges, passait sa jeunesse à courir les grands chemins de Florence à Rome, de Rome à Milan, pour aller, aux jours de fête, courir le carnaval dans cette Venise hantée par le carnaval sans fin. A Milan, à Florence, à Rome, à Venise et par toute l'Italie, le jeune magistrat avait rencontré la fête et le plaisir, l'enivrement poétique et l'ivresse des festins, les bonheurs de l'antiquaire et du chercheur d'aventures. Surtout il s'était mis en quête des belles dames à la mode, quelle que fût leur renommée, et il était tombé, avec fureur, dans les guet-à-pens que tendaient incessamment à ses libertés passagères, les provocations enjouées de ces bouches qui rient, de ces voix qui chantent, de ces yeux qui brûlent : la signora Camilla, la signorina Lauretta, la Angela, les beaux piéges tendus aux jeunes gens qui visitent Saint-Marc ou Saint-Pierre ; usage ancien d'ailleurs, et qui remonte aux vieux Romains, quand la toge se plaisait à se rouler sur l'herbe épaisse en compagnie des belles affranchies :

.... Togatos
Cum Venere in molli gramine bella decent!

Ce qui prouve, surabondamment, que les jeunes toges parisiennes obéissaient à des lois déjà bien anciennes, lorsqu'ils abandonnaient Bartole, et les professeurs de Pandectes, pour assister, tête à tête, à l'enseignement des dames-professes du Decaméron italien.

Mais enfin, en ce temps-là encore, on revenait au joug ; l'âge un peu moins vif, l'autorité, le conseil, le bon sens, le respect des aïeux, l'exemple des vieillards, le nom des ancêtres, accomplissaient facilement ces faciles miracles. La pourpre et l'hermine comptaient volontiers sur le retour de l'enfant prodigue, elles montaient en croupe avec lui, et quand il allait au grand galop de la passion, elles le poursuivaient de leurs menaces, de leurs conseils, de leur douleur. En vain le magistrat errant étourdissait sa vie, il retrouvait dans le boudoir des courtisanes d'Italie les bruits importuns de la grand'chambre ; dans le refrain des opéras débraillés, il reconnaissait l'écho imposant des Tournelles ; même sous la farine et sous la colère du Buffo-cantante, il lui semblait, tant ses remords était vifs, que soudain allait éclater le visage sérieux de monseigneur le chancelier lui-même qui s'écriait : Et toi aussi, mon fils !

Voilà comment les plus jeunes gens et les plus fougueux de nos cours souveraines, esprits mieux faits qu'on n'eût pu le croire au premier abord, finissaient par rentrer au bercail. — Le jour de cette rentrée heureuse était marqué d'une pierre blanche; le parlement tuait le veau gras, et plus d'une pièce en bons vers latins se lisait au dessert, en l'honneur de ce ressuscité; jusqu'à ce qu'enfin toute honte bue et toute passion satisfaite, et le jeune homme devenu rapporteur des plus graves affaires, sa bibliothèque remplie suffisamment de livres, et la cour suffisamment garnie de pairs, notre conseiller en robe rouge, son serment prêté, ses dettes payées, marié, six mois après sa sortie d'Égypte, à quelque opulente héritière de la prévôté des marchands, de la cour des aides ou de la cour d'État, eût retrouvé et accepté définitivement les mœurs, les coutumes, les volontés, les préjugés, l'obstination, l'ambition, l'avarice et les allures de son propre grand-père, — aussitôt il devenait un ancêtre à son tour, et les lois et les libertés de ce pays n'avaient pas de plus énergique et de plus laborieux défenseur.

Quoi d'étonnant? Les enfants que l'on arrête autour de l'École de droit, un jour d'émeute, ils seront des hommes à leur tour. Lui-même, le grand prêtre d'Apollon dans Homère, il avait été jeune, et pour le moins aussi peu retenu que le Dieu qu'il servait. *Le prêtre d'Apollon allait solennel et pensif le long de la mer bruyante.* Ainsi l'on marche enfin droit devant soi, une fois que l'on est arrivé à cet endroit du rivage où l'Océan commence à gronder.

Le jeune maître, M. de Fontenay-Trésigny, avait encore quelques pas à faire avant de toucher au rivage solennel et grondeur; cependant il en était déjà assez près pour entendre de loin les menaces de l'onde amère; peu à peu il commençait à se dépouiller de ses passions, l'une après l'autre. Il avait aimé les dames tout d'abord, après les dames les chevaux, bientôt, à force de courir et de faire courir, il avait passé à des passions qui du moins le rapprochaient, par un détour, de la robe rouge et du mortier de son père : il s'était fait antiquaire, historien, lecteur de palimpsestes ; on ne voyait que lui dans les salles du Vatican et de la Laurentienne, où il recherchait les origines, les textes, les notes, les gloses, les commentaires ; il avait même enrichi de notes et de commentaires indispensables la guerre du Péloponèse et la dispute des Atrides; il avait aussi, chemin faisant, ramassé à prix d'or, une immense quantité de livres, de médailles, de toiles, de marbres, et autres vanités des temps passés qu'il envoyait tous les six mois, en son château de Fontenay, dignes avant-coureurs du maître de céans.

Toujours est-il qu'en attendant son retour, M. de Trésigny avait confié, en partant, la garde de son château, qui était rempli de belles choses, de ses terres qui étaient considérables, et de sa fortune qui était fort embrouillée, à maître Jean Laumont, son régisseur, lequel Jean Laumont était depuis bientôt dix-huit ans, le père de notre ami Hubert-Jacques Laumont, et le père et le fils, qui régnaient l'un par l'autre aux domaines de Fontenay, supportaient assez patiemment l'absence de leur maître et seigneur.

Je dis : *notre ami* Hubert, pour obéir à cette parole du sage : Les amis de nos amis sont nos amis. Hubert et son camarade Eugène s'étaient aimés dès l'enfance ; enfants, ils habitaient la même maison ; si le petit Huber savait lire, il l'avait appris dans les livres du petit Eugène ; si son camarade Eugène savait donner un coup de poing, la gloire en devait revenir à mons Hubert. Ainsi, et de très-bonne heure, ils s'étaient prêté, celui-ci ce qui manquait à celui-là, et sans différence du *tien* d'avec le *mien*, en frères, ils s'étaient habitués à manger le même pain, à marcher du même pas Ils marchèrent ainsi jusqu'à l'étude de maître Brouillon, de Joux, qui était le procureur et le consul particulier de M. Jean Laumont, le père d'Hubert. Pour ne pas se séparer de son ami, Eugène était devenu par la même occasion, clerc de procureur, en dépit de toutes les répugnances de son esprit, de toutes les révoltes de son cœur.

Ce travail obscur, malheureux, sans profit et sans plaisir, cette vie inutile à eux-mêmes, leurs mères qu'ils avaient perdues à peu de distance l'une de l'autre, le besoin réciproque qu'ils avaient sans cesse, celui-là de celui-ci, tant de services rendus des deux parts, tant de dévouement, d'abnégation, de fidélité, d'habitude enfin, avait lié et relié ces jeunes cœurs, et de façon à ce qu'il semblait impossible que deux frères même s'aimassent davantage. Aussi bien, ils ne comprenaient pas que leur amitié pût jamais finir, ils ne voyaient que la mort qui les pût délier de leurs serments.

Ils s'étaient juré, entre autres promesses, de s'aimer, de se protéger, de se défendre. Une âme, une fortune, un cœur ! Ils attestaient le ciel ! Ils riaient de pitié quand on leur parlait de Nysus et d'Euryale ! Ils disaient que Pollux et Castor, les frères gémeaux, étaient tout simplement deux hypocrites d'amitié d'avoir accepté cette condition funeste, celui-ci de monter au ciel lorsque son frère en descend ; deux vrais amis auraient mieux aimé rester unis et inséparables dans les flammes de quelque enfer éternel. Bref, ils s'aimaient.... comme un cadet de Bretagne aime un cadet de Gascogne, en bons jeunes gens qui n'ont rien à eux que l'espérance.

Vanité! dit le sage. Un jour le père d'Hubert était venu reprendre son fils pour lui confier la garde et conservation des terres, bois, étangs, pâturages, maisons et redevances de Fontenay : le père se faisait vieux, le jeune homme se faisait grand; le père avait bien à s'occuper au dehors de ces domaines, le fils avait bon pied et bon œil, il promettait d'être un bon garde, il ne promettait guère d'être un grand clerc. A ces causes, il fallut partir. Vous pensez si les deux amis redoublèrent d'amitié et de serments. — Je t'écrirai à toute occasion, disait Hubert. — Et certes, je répondrai à tes lettres, disait Eugène. — Et tu me viendras voir chaque année aux vacances, Eugène ! —

Oui, Hubert, chaque année, et pendant six semaines. Adieu! Adieu! Adieu! Ils s'étaient séparés en pleurant.

Et depuis tantôt quinze mois, Hubert dans les champs, dans les bois, dans ses courses par la pluie et le soleil, à l'ombre en été, au feu en hiver, dans les heureuses fatigues de la vie des champs, et dans le repos du dimanche, n'avait pas trouvé une heure, un moment pour dire à son ami : —*Si tu vas bien, tout va bien.* Eugène, de son côté, dans la poudre du greffe, dans les pas perdus de la grand'chambre, dans les loisirs de l'étude, en pleine écriture, en plein papier blanc, n'avait pas imaginé de se rappeler au souvenir de son ami. Nysus abandonnait Euryale à ses copies, Castor délaissait Pollux dans ses bois. Et c'est justice. La jeunesse a-t-elle besoin d'amitié? Elle a l'amour! Est-ce donc qu'un esprit bien fait s'inquiète des fruits de l'automne, s'il peut cueillir les fleurs du printemps?

Convenons cependant que, même au jeune

âge, l'amitié sincère peut donner quelques fruits de bon augure, et que le souvenir de son ami Hubert-Nysus-Pollux-Laumont, fut d'un grand secours à Castor-Eugène-Euryale-Jadis ; elle lui donna tout de suite une maison, un jardin, un palais, un temple où reposer la tête de Louison, attentive à ces beaux rêves tout éveillés auxquels s'abandonne l'âme heureuse dans les riants espaces du printemps.

Comment imaginer, en effet, que le seigneur de Fontenay, voyant arriver chez lui, en si bref équipage, la reine éclatante de la *balance d'or*, hésitera un seul instant à la venir recevoir, lui-même, sur la frontière de ses domaines, en lui disant tout au moins : *Soyez la bienvenue!* Elle arrive, le seigneur lui offre la main, Louison rougit, elle se trouble, elle se dégage avec un beau salut, et elle prend le bras d'Eugène. Le lendemain, ou le surlendemain de leur arrivée, au plus tard, le seigneur qui les voit tristes et malheureux, leur demande : Qu'avez-vous, mes enfants, et d'où vient ce nuage ?

Alors les voilà qui répondent : Nous avons peur d'être indiscrets, monseigneur, et d'abuser de votre hospitalité. Bientôt, pour les consoler et les retenir dans ces campagnes dont ils sont le plus bel ornement, on leur donne sur la lisière du grand bois, au bord d'une source d'eau vive, une vingtaine d'arpents de bonnes pâtures et dix à douze arpents de vieilles écorces, avec un petit jardin, suivi d'un verger, autour de la maison. La maison est petite, mais très-riante au dehors, et bien meublée au dedans. Louisette y doit trouver, à son usage, une belle glace de Venise et un petit fauteuil des Gobelins. Là, ils vivront doucement, entre le facile travail et la douce oisiveté, — et pourtant nous avons tant travaillé, Louison et moi, que nous sommes devenus, en peu de temps, les plus riches cultivateurs de Fontenay.

Ils allaient donc, Eugène rêvant tout haut, Louison rêvant tout bas. Elle rêvait que peut-être son champ serait tout labouré et tout ensemencé, sans qu'il fût besoin de se hâler au soleil et de se donner tant de fatigue. — Malepeste, trente arpents! se disait l'homme à la carriole, trente arpents et cette fille-là par-dessus le marché, le même jour, voilà un gaillard qui n'y va pas de main morte, et l'on se contenterait à moins. En même temps il se livrait à un gros rire muet au fond duquel se trouvait, il est vrai, le contentement de la joie et du bonheur d'autrui, mitigé par la certitude que cette félicité parfaite s'arrêtera net, au détour du chemin.

Ils allaient cependant au petit trot de Cocotte, et cahotés divinement, l'un près de l'autre, éloquents et rêveurs tour à tour. Ils s'abandonnaient à toutes les sensations délicieuses de de l'heure présente; ils se parlaient, ils se taisaient, ils passaient du silence des amoureux, au bavardage des indifférents. Ils avaient déjà compris, qu'en amour, c'est déjà une faute d'user en deux heures, la conversation de toute une semaine. A quoi bon tant se hâter, quand on est sûr d'arriver? A quoi servent les longs discours, si l'on se comprend d'un clin d'œil? — Ne parler que d'amour à ce qu'on aime, c'est tomber dans les redites; le grand art enfin des conversations amoureuses, c'est qu'elles ne soient pas toujours amoureuses. Donc pour éviter les dangers du trop parler, ils se taisaient, ou bien ils parlaient d'autre chose. Elle chantait des airs sans paroles; il arrangeait des paroles à l'air de ces chansons.

Heureux bandits! ne dirait-on pas qu'ils ont lu dans l'élégie latine ce passage où le poëte et sa maîtresse s'écrient dans un transport d'enthousiasme : O ma Cynthie! regarde-moi; laisse-moi te voir, ô mon amant! et que nos yeux s'enivrent d'amour! *Oculos satiemus amore.* Ainsi font-ils; ils s'enivrent d'eux-mêmes; ils obéissent à toutes les voix intérieures; ils s'abandonnent au cahot qui les porte de ci, de çà, et toujours du beau côté de leur beauté. Cette petite charrette..... un empire!

cette botte de paille..... un trône! Savaient-ils si le soleil les brûlait, si la route était droite ou penchante, et quelle heure peut sonner dans les clochers d'alentour? Ils ne savaient rien, sinon qu'ils étaient conduits par Apollon lui-même, dans le char du soleil. Ces fraîches vallées, ces collines à la pente si douce, ces clairs ruisseaux, ces lointains, ce beau fleuve..., non pas le flot souillé des immondices de la ville, l'onde amère qui clapote dans les égouts, dans les fossés, autour des cachots, mais la rivière éclatante et libre, où se reflète la vaste campagne, l'onde joyeuse et vaincue par les baigneurs qui la domptent de leurs bras nerveux, la fête claire et féconde des beaux jardins, des vieux ombrages : — les caps, les promontoires, les îles verdoyantes, cet ensemble champêtre de calme, de repos, de fraîcheur : fleurs et feuillages, troupeaux et moissons, la terre et le ciel, tout leur échappait; ils ne voyaient qu'eux-mêmes. Laissez-les faire, ils voient le bonheur à leur droite, ils le voient à leur gauche; au-dessus de leurs têtes, ils le sentent; sous leurs pieds ils le retrouvent; le bonheur, pour eux, c'est le monde, la vie est pour eux la gloire; ils n'en sont pas encore à l'analyse; ils se perdraient à vouloir se retrouver et se reconnaître dans la joie universelle, et dans la vaste lumière de ce beau jour.

CHAPITRE VII.

L'ERYNGIUM ODORANS.

Ce léger chariot qui portait sur sa paille fraîche, ces amours, cette ignorance et cette jeunesse en partie double (mille fois César et sa fortune!), venait de franchir la dernière montée de la vallée de la Seine, lorsque le petit cheval s'arrêta de lui-même, au seuil du *Soleil levant*; au *Soleil levant*, bon logis et bon vin, loge à pied et à cheval! Même le Soleil, brossé largement sur l'enseigne, avait une assez bonne mine d'hôte, et ses rayons, pâlis par la pluie et les hivers, attestaient de loyaux services rendus à la cause errante des voyageurs. Le lieu était choisi à merveille pour une halte, et l'aubergiste le savait bien, lorsqu'il plantait sa maisonnette au point culminant de ce vallon, qui court du sud au nord, jusqu'à ce qu'il ait étreint dans ses deux bras de verdure, ce double fleuve, la Seine et la Marne, confondant leurs ondes fraternelles dans ce flot doré qui se perd là-bas au couchant ! Un peu au devant de l'auberge, et sur cette terrasse naturelle que forme le rocher qui s'avance au-dessus des prairies, était plantée une tonnelle de vigne folle (telle Brescia s'appuie à la colonne de Cadmus), où, par le beau temps, se reposait le voyageur. A la gauche de ce cabinet de verdure bruissait la fontaine, à droite et à quelques pas plus loin, le cheval essuyé et rafraîchi mangeait l'avoine ! On eût dit que le monde civilisé s'arrêtait à ces hauteurs, tant l'espace, agrandi de toute l'élévation des collines franchies, s'étendait au loin dans un cercle immense et lumineux où l'émeraude et le frais des prairies, l'argent des fleuves, le bleu du ciel, mêlé à l'or mouvant des moissons, se confondaient en milles contrastes pleins d'harmonie, et d'une incomparable majesté. Les paysages tant chantés de l'Achaïe et de la Macédoine ne se pourraient guère comparer à ces paysages ; tout au plus, au golfe que nous avons sous les yeux en ce moment, se pourrait comparer cette côte de Sorrente et de Stabies opposée au rivage d'Herculanum disparue sous le volcan. Beaux lieux frappés de la foudre, dévorés par la flamme, enfouis sous la lave...... le site et l'aspect du *Soleil levant* éclate et brille comme au premier jour !

— S'il vous plaît, dit le paysan aux deux voyageurs émerveillés du spectacle de ces horizons, à peine entrevus dans leurs rêves, nous resterons ici une heure ; le soleil est chaud, mon cheval a faim, et vous-mêmes, j'imagine, ne serez-vous pas fâchés de déjeuner? C'est beau l'amour, c'est bon l'eau fraîche, et cependant, dit le proverbe, on ne vit pas uniquement d'amour et d'eau fraîche! Ainsi parlant, il ôtait la bride à son cheval, et remisant sa charrette à l'ombre, il entrait au *Soleil levant.*

Une idée éveille une autre idée, et c'est pourquoi il en faut avoir au moins une dans sa vie, et même cette génération phénoménale des idées a paru si digne de l'attention du genre humain, que de très-grands philosophes ont écrit, en leur temps, de très-gros livres pour expliquer à qui de droit, par quelle suite..... d'idées, s'opère cette transformation de l'esprit. C'est bien dit, c'est bien fait. Avouons cependant, qu'après avoir lu et relu cette histoire de l'idée, de ses ascendances et de ses descendances, on peut éveiller — en soi-même, cette idée que les idéalistes et les idéologues n'auraient pas fait de si gros livres, sur la génération des idées, s'ils avaient eu vraiment dix-huit ans, une fois, pour toutes ; s'ils avaient été amoureux, par hasard; s'ils avaient enlevé leur maîtresse, par bonheur, et si, par amour, ils avaient oublié de déjeuner, le matin de ce grand jour? Le problème, j'imagine, vaut la peine que l'on s'en inquiète, et tenez-vous bien pour assurés, grands philosophes, qu'un jeune homme amoureux, bien portant, à jeun, qui est venu à pied de Paris à Vincennes, des ténèbres de l'étude Brouillon aux sereines clartés du chêne de Saint Louis, qui a fait ensuite près de cinq lieues en charrette, si, tout à coup, il se trouve arrêté à la porte d'une hôtellerie de bonne apparence, sous une charmille, en plein air, par un cheval affamé qui va manger son boisseau d'avoine; aussitôt, et sans que ces idées aient grand souci de s'engendrer régulièrement l'une l'autre, il arrivera que l'idée Avoine, aura bien vite réveillé l'idée Omelette au cerfeuil, dans l'appétit idéal du jeune monsieur et aussi de la jeune dame! Même, il faut le dire, cette idée omelette et déjeuner ne se fût pas réveillée plus vite en ces jeunes cerveaux, eussent-ils été à jeûn depuis huit jours.

L'hôte et sa servante, à l'aspect de ces enfants, avaient compris bien vite que le *Soleil levant* éclairait en ce moment, de ses rayons les plus vifs, le grand appétit du plaisir, du grand air et de la grande jeunesse. La table était mise depuis vingt ans déjà sous ces pampres joyeux ; l'oiseau chantait depuis le matin ; la claire fontaine épandait ses flots bruyants dans son bassin en belle pierre, et complétait le *Bénédicité* de ce voyage. La nappe fut bientôt sur la table et sur la nappe le déjeuner. « Avant le repas, dit le sage, prends bien soin de regarder, non pas ce que tu manges, mais avec qui tu manges. » Nos deux affamés avaient certes obéi à la sagesse autant qu'on lui peut obéir : *Regarde bien !...* ils se regardaient depuis tantôt sept heures, et pourtant ils eurent encore un petit sourire l'un pour l'autre, quand il fallut toucher au festin de leurs fiançailles. Les œufs étaient frais, le pain tendre, le vin était sur, un joli petit vin de Brie! A la bonne heure! et voilà le mot lâché! « J'ai beau te chercher une plus noble origine, un nom plus poétique et plus sonore, il faudra bien toujours t'appeler par ton nom, ô vin de Rhetica! Malgré toutes mes complaisances, tu n'as pas le droit de te comparer au vin de Falerne...

> Et quo te nomine dicam
> Rhetica! »

Et pour la faire en passant, c'est une remarque à faire, qu'il y a toujours, chez les grandes nations gourmandes, un petit vin sacrifié aux plaisanteries des gourmets. Le vin de Rhética était le vin de Brie au temps d'Horace; on en riait beaucoup, on en buvait beaucoup aussi! Ces petits vins, légers comme les serments qu'ils font éclore, et dont on dit tant de mal, parlons-en et buvons-en, avec les louanges méritées! Le petit vin, juste ciel! c'est la source où s'abreuvent d'ordinaire la jeunesse, la pauvreté et les riches amours!

Telle était, au reste, l'opinion de nos deux

amoureux, deux gourmets, deux fins connaisseurs; ils en auraient remontré à Lantara lui-même, un ami certes des coteaux sacrifiés. — Ainsi, tout leur était vin d'Aï et de Côte-Rôtie, en si belle compagnie; et dans ces verres qui se trompaient de mains, ni Louison, ni son ami ne mirent en doute un seul instant que ce ne fût pas là absolument la pétillante liqueur que M. de La Fare et M. de Chaulieu avaient mise si souvent en bouteilles et en chansons.

Un spectacle agréable aux Dieux, c'est un beau corps dans lequel s'agite une belle âme, *animus in corpore præsens* : à plus forte raison, deux beaux corps dans lesquels l'âme, abandonnée à ses instincts, donne preuve sur preuve, de sa présence. Amour dans la parole! Amour dans le silence! Amour dans les regards! Amour, s'il en fut jamais! Eugène obéissait à tous ces amours. Il ne perdait pas un regard, pas un mot, pas un sourire, pas un geste de Louison, tant ces belles et douces choses étaient au gré de son cœur, au niveau de son âme!

Il était attentif à la servir! Elle était attentive à lui rendre grâces! Tantôt elle l'écoutait, en souriant, les yeux ouverts, tantôt elle baissait les yeux sur ses deux bras qu'elle enveloppait de sa serviette, pour avoir une contenance! Avaient-ils faim! Avaient-ils soif! — Leur appétit est éveillé comme leur amour. Que de fois les verres s'entre-choquaient à grand bruit! Que de caresses à la dérobée! Ils s'enivraient de toutes ces joies; pour eux la terre et le ciel disparaissaient dans leur avide et mutuelle contemplation.

S'ils étaient heureux! Qui le demande? et que je vous plains, si vous en doutez!

Les amants les plus célèbres de ce siècle amoureux, le duc d'Orléans et mademoiselle Marquise, la blonde aux yeux noirs, — le comte de Lauraguais et mademoiselle Arnoult; la Razetti quand elle soupa pour la première fois, avec M. le duc de Grammont; M. le prince de Conti quand il enlevait la princesse de Monaco à son mari; le grand Gerbier aux bras de madame Vestris—l'éloquent et l'éloquente;— la vieille duchesse de Brancas, à l'autel de Notre-Dame, la nuit où elle épousa le frais abbé Cérutti; Jean-Jacques aux pieds de la comtesse d'Houdetot, la comtesse d'Houdetot aux pieds de Saint-Lambert, Voltaire quand il résout les problèmes de la marquise du Châtelet, Dorat quand il rime les vers de mademoiselle Fannier, madame de Villemaisons si M. le duc de Biron la salue en plein Carrousel; l'abbé de Breteuil sous l'éventail de mademoiselle Colombe; le marquis de Gouffier sous les fenêtres de mademoiselle d'Oligny; le marquis de la Tour du Pin dans le salon de la princesse Galitzin; mademoiselle Nissel dans le *vis-à-vis* du prince de Conti; Blaise et Babet à la Comédie Italienne; le roi Louis XV jetant le mouchoir à madame d'Étioles; mademoiselle Quinault faisant ses Pâques, et mademoiselle Gauthier prenant l'habit des carmélites.....

Disons plus, et par cet exemple, poussons à bout le bonheur que donne l'amour: Fontenelle, le grand sage, qui touchait à madame de Montespan et à madame de Pompadour! quand il s'est enfin délivré de l'amour, ce maître furieux et mal élevé, à l'instant même où il vient de jurer à sa première et dernière maîtresse, une séparation éternelle...,

Les uns et les autres, dans leurs chaînes du matin, ou délivrés des fers de la veille, ne s'estimaient pas plus heureux, plus contents, plus glorieux que nos deux compagnons, sous la treille, à cette ombre, entre le vin et la vérité, mangeant de joie et buvant de tendresse, se louant et s'admirant à abaisser le ciel (chaque éloge payé comptant), aspirant la vie à pleines poitrines, et se contemplant à plein cœur.

Hélas! c'est si tôt passé une halte d'une heure! Le cheval a mangé sa provende, on l'attelle, il faut partir. — Quoi! déjà? — Mais, quand on part ensemble, on est si vite consolé de partir!

Pendant que l'hôte et le voiturier buvaient le coup de l'étrier : — Buvons le coup de l'étrier, disait Louise à son ami. Et les voilà, elle et lui, penchés à la goulotte de la fontaine, qui reçoivent cette eau fraîche dans leur gueule fraîche et rosée....... On eût dit les belles cariatides de la fontaine des Innocents, ce chef-d'œuvre de Jean Goujon, avant que Jean Goujon eût été revu et corrigé par monsieur Jacques Pajou, membre de l'académie des beaux-arts.

Comme elle essuyait à ses belles mains son beau visage. — Prenez garde, Eugène, s'écria Louison, vous risquez d'écraser une petite fleur bleue, épanouie à vos pieds.

— Et vous, Louison, prenez garde, voici la même fleur, d'un bleu moins pâle, qui s'incline à votre passage ! Voyez comme les gouttes de rosée qui tombent de votre front, rafraîchissent la petite fleur !

Alors il se baissa pour cueillir, au bout de sa tige élancée, ce bluet charmant, et il l'offrit à Louison qui porta à ses lèvres, cette douce émeraude des champs, puis elle la plaça un peu plus haut que son corsage, au bel endroit.....
On eût dit une petite flamme d'un bleu vif

éclairant soudain toutes ces merveilles. Eugène ferma les yeux pour mieux voir ce beau corsage, et si jamais l'amour fut une passion vraie, on peut dire que ce fut en ce moment.

Comme Eugène restait perdu et éperdu en ces contemplations, Louison eut tout le loisir de cueillir la petite fleur qui était aux pieds de son amant, la fleur d'un bleu bleu ; — rougissante, elle la plaça à la cravate d'Eugène, rougissant de bonheur. Alors ce fut au tour de cette belle fille à reconnaître que son amant ne lui avait jamais paru si beau ! Quoi d'étonnant ? cette petite fleur était fée, elle appartenait à ces ombellifères divins qui portent en eux-mêmes des vertus surnaturelles ! Telle fleur de cette famille agreste qui se cache et se retranche, pliée en ses langes, sous les feuilles piquantes du chardon, recèle en son sein, des trésors, des voluptés et des gloires ! La grande difficulté c'est de tomber juste, et si vous êtes encore dans l'âge favorable à rencontrer ce talisman de la flore d'Anacréon et d'Ovide, et si votre bonheur vous la fait ramasser, au printemps, et même au solstice d'été, dans les forêts, dans les plaines, au sommet des montagnes les plus favorisées du ciel; ou si la nymphe errante laisse tomber à vos pieds, ce chaînon précieux de sa guirlande, prosternez-vous, jeune homme, et rendez grâces à votre bon génie, il vous a donné mieux que le lotos ou le nepenthès d'Homère, mieux que l'herbe sabine qui pétille dans le foyer des aïeux, évoquant les siècles évanouis; mieux que la verveine odorante, la joie et l'orgueil des lares familiers, il vous a donné l'*Eryngium*, tel est le nom profane de cette fleurette. Pour naître et pour mourir, l'*Eryngium* choisit de préférence l'ombre fière ou charmante du chêne de Jupiter, du myrte de Vénus.

La fleur est double, elle est mâle; elle est femelle, et quiconque l'a touchée en passant, si c'est un jeune homme! gloire à toi, et garde à toi, jeune homme! ou si c'est vous, la belle fille, à la bonne heure, et déployez, librement, vos ailes au soleil. C'est la loi et la toute-puissance de cet *Eryngium odorans,* il enchante, il enivre, et, pour l'avoir respirée un instant, cette poussière d'ambroisie, elle est morte d'amour, cette illustre Sapho que l'ingrat Phaon entraînait à sa suite dans les sentiers qui mènent à Leucate. Hélas! l'infortunée! à quoi sert le génie? Elle aspirait au laurier d'Apollon, et elle ne vit pas cette étoile enfouie dans l'herbe...! Cette étoile pouvait la sauver! Elle rêvait la gloire, elle y voulut mêler l'amour, et l'amour se vengea. Phaon ramassa la plante négligée par Sapho, ce fut dès lors à qui le suivrait, parmi les plus belles ; et suivi par cette foule de beautés, il ne vit pas cette mourante qui le saluait au passage!... Elle mourut, faute d'un brin d'Eryngium!

Pour bien faire, amants d'un jour, cherchez et trouvez ensemble ce talisman, qui fera le malheur de l'un et de l'autre, s'il n'est pas la gloire et le charme de tous deux! Malheur à qui le trouve seul, il tombe au rang des hommes adorés, il meurt d'ennui, pendant que l'autre part de son âme expire de douleur ! Herbe funeste, cet *Eryngium!*

Elle est restée un des mystères de la Grèce poétique, après avoir présidé à ses passions, à ses poëmes, à ses amours : hymnes sacrés, scolies, chansons, l'ode éclatante et l'élégie amoureuse, sorties de la lyre d'ivoire, la gloire des temples et l'honneur des festins, autant d'ivresses produites par la fleur enivrante ! — Ce beau secret de l'Eryngium, devenu un talisman, avait été une des récompenses du berger Phrygien. Dans le conseil de Troie assiégée, alors qu'au sommet de l'Ida, les vieillards troyens se lèvent pour saluer la belle Hélène, ils obéissent à l'influence de l'Eryngium aimé des Dieux ! — De l'Eryngium sont venues la fortune de Laïs et du philosophe Aristippe, la gloire de Praxitèle et de Phryné; elle en avait un brin dans ses cheveux, la belle Phryné, le jour où elle se montra, sans voiles, à ses juges ! C'est une plante délicate, et qui demande des soins infinis ! Épicure en cultivait dans ses jardins. — Elle a fait de Corinthe la rivale d'Athènes ! Elle florissait dans Mégare et dans l'île de Chypre. Alcibiade, Aspasie, Alexandre le Grand, ont dédaigné de s'en servir ; ils sont les seuls ! Horace en aimait le parfum dans les vins de sa coupe ; Lydie en parait son corsage ; Louis XIV en portait à sa couronne..., ce fut le secret de madame de Montespan, à cette cour des beautés et des merveilles ; un peu d'Eryngium a manqué à cette belle délaissée, mademoiselle de Fontanges ; que de jeunes femmes, et des plus belles, qui n'ont réussi à rien, pour ne s'être pas fiées à leurs vingt ans ! : *Fides umbellifera*, disait Linnée ! On cite au contraire, cette maîtresse de trois rois de France que l'*Eryngium* fit trois fois souveraine ; Gabrielle d'Estrée en était imprégnée ; Ninon de Lenclos poussa jusqu'au bout, cette science de la beauté suprême, chaque matin lui apportait un bouquet d'*Eryngium* qu'elle abandonnait, chaque soir, à Madame Scarron, son amie, et l'*Eryngium odorans* se chargeait soudain de petites épines piquantes et amicales! Qui voudrait écrire la monographie de l'*Eryngium*, écrirait l'histoire de tous les amours.

La culture de cette plante heureuse, après avoir été en grand honneur sous les Valois, sous les Bourbons, — des jardins de Chambord, aux parterres de Chantilly, où la modeste fleur poussait hardiment entre le lis et la rose, entre la fleur du printemps et la fleur de la royauté de la France, tomba en grand mépris, et les plus habiles furent obligés de se contenter, désormais, d'un arbrisseau de qualité inférieure : l'*Eryngium planum*, plante grasse et obèse qui ressemble à l'*Eryngium* des fées, comme le chiendent ressemble à l'œillet. — Pourtant, à ce faux produit des jardins de Luciennes, plusieurs petits-maîtres, et bon nombre de petites-maîtresses du XIXe siècle, se sont frottés, non pas sans profit pour eux-mêmes, et sans danger pour les autres. Cette plante fatale enivrait, comme eût fait l'opium, ce roi Louis XV, vieilli avant l'heure, et l'aveuglait sur le compte des compagnons et des maîtresses de ses vices. Une ivresse triste et des rêves affreux, étaient contenus dans ce poison d'Eryngium.

Le maître et le corrupteur de ces élégances, le duc de Richelieu, en prit toute sa vie à haute dose, et quand le vieux seigneur s'avoua vaincu du temps et rassasié des crimes et des scandales de la passion, un domestique avisé se rencontra dans cet obscène pavillon de Hanovre, qui s'empara de l'herbier du vieillard, et le traita comme un paquet de lavande et de serpolet desséché, que l'on attache, par un fil, dans les lieux infects. — Digne fin du talisman qui avait tant servi à Louis XV, à madame du Barry, au duc de Richelieu !

Mais, juste ciel, l'Eryngium-Eugène-et-Louison était bel et bien l'*Eryngium odorans*, un bon, un véritable talisman, celui qui fait les poëtes, les amoureux, et les amoureuses après lesquels il faut absolument courir... ainsi que vous le verrez au chapitre suivant.

CHAPITRE VIII

LE RAPÉ D'UN CORDON BLEU.

Les choses allaient trop bien jusque-là, pour aller ainsi toujours; il était écrit au livre du Destin, chapitre des Financiers et des Fillettes, qu'un terrible accident menaçait, en ce lieu même, Eugène et Louison. La fée Guignonnante n'est pas morte, que je sache, et je ne vois pas de quel droit ces deux amoureux, par la grâce de Dieu et de leur bon plaisir, échapperaient à cette longue série d'événements et d'aventures qui ont traversé des voyages pour le moins aussi dignes de l'intérêt et des sympathies de la fortune, que le voyage de Paris à Vincennes, et de Vincennes à Fontenay-Trésigny; nous disons Fontenay-Trésigny, pour le distinguer de tant d'autres Fontenay, dont l'Ile de France est parsemée : Fontenay-lès-Louvre, Fontenay-le-Vicomte, Fontenay-sous-Bois. — Est-ce que, par hasard, le prince de Visapour épouse, sans obstacles, la sultane Cauzadé, et avez-vous entendu dire que le prince Alzaman n'ait eu qu'à se baisser, pour emporter dans ses royaumes héréditaires, la belle des belles, Al-Alma, que lui disputa le farouche sultan de Kargas? Non! et il n'y aurait plus ni fée, ni enchanteurs qui fussent possibles en ce bas monde, et l'*Eryngium* ne serait plus qu'un chardon, et vous n'auriez plus à en tirer ni contes, ni romans, ni poëmes, si pour faire son petit bonhomme de chemin, il suffisait d'arrêter le premier charretier qui passe, au petit trot d'un petit cheval : — Où vas-tu ? — Je vais là-bas. — Pardieu ! comme ça se trouve, j'y vais aussi ! Et l'on va, sans passe-port, sur cette grande route de la vie humaine, sauf à s'arrêter chaque soir, à la première hôtellerie où l'hôte vous vient recevoir, le sourire aux lèvres, le bonnet à la main, le couteau au côté.

Donc le jeune Alzaman et la sultane Cauzadé..... Eugène et Louison, veux-je dire, étaient à peine remontés dans leur carrosse champêtre, et le cheval rafraîchi n'avait pas fait les deux cents pas qui séparaient les voyageurs d'une nouvelle et dernière montée, au bout de laquelle il n'y avait plus rien que la Brie et ses plaines fécondes... *terras frugiferentes*, que soudain un grand bruit se fit entendre, au sommet de cette montagne qu'ils allaient franchir! C'étaient des cris, des murmures, des exclamations! En même temps, on battait des mains, on chantait des chansons avec des *bravo !* des *brava !* des *bravi !* On eût dit que cette fois enfin, le coin du Roi et le coin de la Reine s'étaient donné le mot pour applaudir, et que le chef-d'œuvre qui se montre a fait oublier toutes les rancunes. Ah! la pauvre Louison! elle était prise! Vingt lorgnettes d'Opéra étaient braquées sur elle, et ces voix et ces regards, et ces âmes en suspens, l'attendaient pour éclater de plus belle, au bout du sentier. Quelle épreuve! Revenir sur ses pas, c'est impossible! prendre un autre chemin, elle ne savait que celui-là! Affronter cette grêle d'ironie et cette tempête de bons mots, y songez-vous? De quelle rougeur se couvrit ce beau visage! et l'instant d'après, quelle pâleur! — Dans la boutique même de son père, oui, Louison s'y fût jetée, en ce moment, et trop heureuse d'éviter à ce prix, les railleries qui l'attendent. C'est qu'aussi ce beau monde oisif qui les appelle et qui les provoque de la voix et du geste, les aura surpris, les aura découverts, que sait-on? juste au moment où ils se donnaient un peu plus qu'une pincée d'amitié, derrière la tête du paysan, penché sur sa bête, et qui fait semblant de ne rien voir.

Certes, il y avait, en cette occurrence, pour une fille sage et de bon lieu, de quoi mourir de pure honte! Il n'y a que dans Euripide que se rencontrent ces héroïnes vaillantes à qui l'on dit : — *Où allez-vous?* et qui répondent la tête haute : — *Je vais rejoindre le fils de Pandion, Égée, et le mettre dans mes bras!* Louison n'en savait pas tant, Dieu l'en préserve! Elle ne savait que courber la tête, se faire toute petite, et se presser contre *le fils de Pandion*, afin de ne prêter le flanc découvert à aucun malheur!

La montée était roide, on allait lentement... on n'allait que trop vite! Ces pauvres jeunes gens ne s'étaient jamais trouvés à pareille fête; ils étaient encore si naïfs! Ils ne savaient rien des choses du monde, et des obstacles du chemin; ils ignoraient cette galanterie badine qui entend raillerie et qui s'accommode si volontiers avec les petites méchancetés du savoir-vivre; le jeune homme était un peu sauvage, et la jeune fille ne savait pas encore le grand parti qu'une fille d'esprit peut tirer, pour sa défense personnelle, d'un clin d'œil, d'un fredonnement, d'un mot, d'un geste, d'un sourire, ou d'une morgue à défaut de sourire ! Elle ressemblait à ce moment à la jeune Églé, qui cache dans son sein la lettre de son amant, et qui la cache mal.... Survient la mère.... La fille se lève, et la lettre tombe à ses pieds! Jugez de sa confusion, de ses transes, de sa douleur!

Au contraire, placez sur cette paille et dans ce chariot, à côté même de ce jeune homme, quelque femme à la mode, qui sache par expérience que la beauté est reine, une femme, savante à rire avec art, et à se fâcher à propos, à mêler le sérieux et le badin; armez-la, tout simplement, d'un éventail dont elle joue à la façon d'un sceptre; qu'elle soit vêtue à la cavalière: un bourdalou en or à son chapeau de feutre, comme un prélat; un ruban couleur de feu, noué sous la gorge à la façon du prieur de Vendôme ; donnez-lui une jupe gros bleu, comme à un ministre d'État ; une mante en bleu céleste, qui était la couleur favorite de la Guimard ; coiffez-la à l'oiseau royal, et frottez sur sa joue un peu de ce rose vif qui donne au teint quelque chose de si tendre, au regard un tour si hardi...., vous verrez soudain cette belle qui n'a peur que des araignées et du tonnerre, tenir en respect par la hauteur, par la politesse, par le dédain, et surtout par le sentiment réfléchi de sa jeunesse et de sa beauté, tous ces beaux messieurs et toutes ces belles dames, l'épouvante de notre berger Pâris, l'effroi de notre bergère Louison — la pauvre Hélène-Louison !

Cette terrasse à l'italienne, dont l'approche était pire, aux yeux de nos voyageurs, que le passage funeste entre les deux écueils, Charybde et Scylla, est aujourd'hui une ruine enfouie avec le château qu'elle portait, dans la ravine même d'où le château et la terrasse étaient sortis. En ce lieu désert (c'est à peine s'il y pousse un peu d'herbe), se sont accomplis ces miracles de la pierre taillée, auxquels s'amusaient les financiers de ce siècle, les Beaujon, les Bourette, les Saint-James ; miracles d'un jour, monuments d'une heure ! Ces mêmes hommes qui transportaient à leurs plaisances, les rochers et les chênes centenaires, ont eu à peine une pierre ou un plan de cyprès sur leur tombeau !

Ce château s'appelait la Folie-Chenevierres ; il avait été bâti avec l'argent, ô misère ! qu'un certain Pierre Ribouté avait gagné durant la désastreuse guerre de sept ans, à la suite du maréchal de Belle-Isle et du maréchal de Richelieu ! Pierre Ribouté avait suivi les armées, et, dans ces routes sanglantes, il avait ramassé tout ce qui était tombé sous sa main, excepté la gloire. Après nos désastres, et sa fortune faite, la France deshonorée à Rosbach, Pierre Ribouté enrichi à Rosbach, quitta l'armée et s'en vint pêcher en eau trouble, dans nos provinces dévastées. Il avait gagné quelques millions à ces guerres, le Roi en avait perdu deux cent douze, et, comme il s'agissait de combler le déficit, Pierre Ribouté imagina de se tenir au bord du gouffre; il se dit à lui-même qu'il y avait quelque chose à gagner sur cette écume.... Il y gagna l'amitié du contrôleur général, M. de Silhouette; il y gagna de faire de gros bénéfices dans les soixante-dix millions d'actions de mille livres sur les fermes générales. Nanti de ces actions et de ces bons d'État, il devint un homme avec qui les fermiers généraux furent obligés de compter.

Pierre Ribouté, en se rendant à soi-même tant de services signalés, rendit au roi un grand service; il fournit de l'argent au jeu de Sa Majesté. Le jeu languissait depuis trois mois, et depuis trois mois, le Roi était abandonné au milieu de sa cour! Faites donc votre cour à un prince qui ne peut pas payer les dettes de son jeu, et qu'il faut payer, argent comptant! On n'allait plus, chez le Roi; on jouait chez son valet de chambre, qui payait ses pertes à bureau ouvert! Pierre Ribouté eut l'honneur de faire comprendre à M. de Silhouette, à M. Feydeau de Brou, à M. d'Ormesson de Noiseau, à M. Jean Pâris de Montmartel, le grand préjudice que cette absence d'un jeu régulier portait à la considération du trône, et au respect de la couronne.

Il remontra à ces messieurs qu'il était impossible d'abandonner la Royauté à elle-même en cette circonstance pénible, et ces messieurs s'étant confiés à son expérience, il leur proposa, comme un expédient très-orthodoxe, de supprimer les honoraires de plusieurs personnes qui n'en avaient certes pas si grand besoin que Sa Majesté.

A quoi bon, en effet, donner tant d'argent à M. de Maupou, à M. de Chauvelin, à M. Lamoignon de Blancménil, à M. d'Aligre, le riche d'Aligre, à M. de Nicolaï, à M. de Fourqueux, à M. de Vertamont, à M. Turgot, et ne vaut-il pas mieux leur retrancher un quartier, que de laisser le jeu languir dans les petits appartements? Telles étaient les réformes proposées par cet intelligent sieur Ribouté, et ces réformes furent prises en bonne part.

Il représenta enfin qu'il n'était guère utile de maintenir les pensions que faisait Sa Majesté aux héritiers du feu duc de Charost, du feu maréchal-duc de Villars, non plus que la pension du maréchal-duc d'Estrée, du comte de Tavannes et du chevalier de Courmoisan. De braves gens, qui avaient bien servi, c'est vrai, mais inutiles! — En revanche, on se gardait bien de toucher aux chasses, à la garde-robe, aux menus plaisirs. — Quant à retrancher un sol aux appointements légitimes du sieur Bontemps, confident du Roi, et capitaine du pavillon des Tuileries, c'était impossible, on savait tout le dévouement du sieur Bontemps, et sa fidélité à la personne de son maître. — On savait aussi que le Roi tenait à récompenser les agréables services du duc d'Antin, son hôte à Petit-Bourg, du sieur Kornman, son banquier, et qu'il défendrait énergiquement ses lieutenants, prévôts, exempts, du guet, de la prévôté, et de la maréchaussée, employés à exécuter les ordres du petit cachet : Picdumont, Delsol, Piquet, Cazon, Vallier, Berthelin. On ne toucherait pas, non certes, aux passions secrètes et aux justices cachées de Sa Majesté !

Grâce à ces retranchements et à plusieurs petites négociations sur les blés et le sel du Royaume, on était parvenu à mettre sur un bon pied le jeu de chaque soir. L'argent revint à flots ; l'argent revenu, le flot des courtisans revint au Roi ! Car voilà où elle en était arrivée en si peu de temps, cette majesté sans égale... : on ne saluait le roi, à sa propre cour, que dans l'espoir de le dépouiller au lansquenet !

En récompense de ces bons et loyaux services, et *en témoignage de la satisfaction particulière de Sa Majesté,* M. de Ribouté-Chenevierres (il avait pris le nom de sa terre et il était devenu conseiller du roi, laquelle charge de conseiller donnait la noblesse, mais seulement à ceux qui ne l'avaient pas) avait demandé le cordon bleu. — Y pensez-vous? le cordon bleu?

Laissez-moi dire ! Voici comme il était arrivé au cordon bleu, qui ne le quittait ni la nuit ni le jour (au bain même, il en avait un en fer-blanc bleu, corbleu !) Son cordon était le râpé d'une charge de greffier de l'ordre du Saint-Esprit qu'il avait achetée, l'avant-veille, à M. de Vertamont, et revendue le lendemain, à M. le Bas de Montargis, non pas sans un certain bénéfice; entre autres bénéfices, il faut compter la permission par brevet royal, de porter le ruban du Saint-Esprit (moins la plaque) jusqu'à la fin de ses jours.

Hélas ! le ruban bleu a disparu ; il a été remplacé par le ruban rouge, et — râpé pour râpé, on ne pourrait dire laquelle des deux couleurs, le bleu ou le rouge, a compté plus de râpés.

C'est ainsi que M. de Chenevierres s'était bombardé au pinacle de l'importance ; arrivé là, son premier soin avait été de se donner une bonne descendance, et à défaut d'un vieux parchemin, signé d'Osier de Serigny, juge de la noblesse de France, enregistré Duplessis, un généalogiste *chambretant* (généalogiste à forfait), qui certes n'était pas M. Chérin, lui avait dessiné un bel arbre qui remontait de branche en branche, à la maison du roi Louis XI, par les femmes. Dans cette généalogie, il était démontré à chaque ligne, que l'argent remplaçait et au delà, le sang, la race, la maison, l'origine ancienne, les croisades. Noble, il s'était augmenté de cette terre, qui était une baronnie-comté ; et durant l'éclipse du comte primitif, il était devenu comte et baron par diminution ; plus s'augmentait sa haute fortune, et plus le nouveau gentilhomme sentait son sang précieux s'anoblir au fond de ses veines ; enfin il avait fini par s'élever si haut, que lui-même, il s'était perdu de vue ! Il n'y avait plus que les gentilshommes, et les plus huppés, qui fussent son prochain ; il disait parfois, en plaisantant avec ses danseuses, ses chanteuses, ses courtisanes, ses histrions, ses chansonniers, une foule de larrons, de coquins et de flatteurs (car il aimait la plus vile engeance, autant que s'il eût été vraiment un grand seigneur), qu'il était duc et pair de six cent mille livres de rentes, qu'il avait pour le protéger et le défendre contre les mauvaises langues, une armée de bons ducats et une réserve de fleurs de rhétorique enfermées dans un coffre-fort effronté, et qu'en fin de compte, personne ne pouvait nier qu'un louis d'or à l'effigie du roi Louis XV, ne fût aussi noble qu'un *noble à la rose!* Il agissait du reste, en bon gentilhomme, et, comme tel, il était libertin et débauché; il ne respirait que la ruine des réputations, quand elles étaient honnêtes, la honte des femmes, quand elles étaient chastes; il se montrait en tout lieu, doré comme un calice, et paré comme l'empereur du Mogol! Sauf le roi, il n'y avait pas dans toute la France, une tête d'un aspect plus honnête; sauf Dubarry le roué, il n'y avait pas une conscience plus perverse. On l'appelait chez lui : Monseigneur ! Ses amis lui donnaient de l'Excellence. — Monseigneur! à ce vautour! Votre Excellence! à ce produit de la doctrine du produit net ! Le cordon bleu, à cette lime sourde! Du Mécène à ce faquin : *Jocose Mæcenas!* Des ruisseaux, des fontaines, des eaux plates et des eaux courantes à ce Tantale affamé ! Une baronnie à ce lâche et vil flatteur!... Il était à genoux devant un commis... Il eût craché à la figure de Lally-Tollendal s'il l'eût rencontré traîné au supplice! — Il appelait ce Louvre de sa création : sa *folie!* Vraiment on pouvait lire, en lettres de sang, sur les murailles folles de cette folie, ce mot terrible : *Haceldama*, c'est-à-dire : *le prix du sang.*

Quand il s'était vu au comble de toutes ses ambitions, au-dessus de toutes ses espérances, monsieur le baron de Chênevierres s'était bâti à son tour, son pavillon de Hanovre, sur un emplacement digne du château de Meudon, plus une terrasse, comparable à la terrasse même bâtie à Belle-Vue, par la volonté, le génie et la toute-puissance de madame de Pompadour. En ce lieu de son orgueil et de son caprice, il se fit suivre, ô privilége du vice et du crime! par toutes sortes d'honnêtes gens, de grands seigneurs, de femmes du meilleur et du plus grand monde. On y vit des maréchaux de France, des ducs et pairs, des évêques, des docteurs en fourrure, des magistrats; le comte de Crillon, le prince de Salm, les plus habiles et les plus honorables financiers de ce temps-là, M. de Gaignat, receveur général des confiscations et requêtes du palais, M. de Magnonville, garde du trésor royal, l'abbé de Launay, premier fermier de l'intendance, étaient de ces fêtes, consacrées aux dieux d'Épicure et de Voltaire! Il y venait même des poëtes et même des savants qui lisaient Homère en grec: La porte du Theil le poëte, Moutonnet de Clairfons, le parasite, digne de Montmaur, son prédécesseur au collége de France; ce Moutonnet était en même temps, du conseil de la Bibliothèque royale et conseiller au grand conseil de l'Opéra ; qui encore ? L'abbé Vatry, professeur au collége royal de France, le savant Larcher, répétiteur au collége Mazarin, et ces braves gens comparaient volontiers le ruisseau de Chenevierres au Simoïs, les eaux du jardin au torrent de l'Ida, berceau de Jupiter, et les belles dames qui venaient se mirer dans le bassin de Latone, (on avait emprunté leur mythologie aux jardins de Versailles), l'abbé Vatry ne manquait pas de les comparer à ces colombes, oiseaux de Vénus, qui trempent dans la fontaine leurs becs empourprés. Le grec était à l'état de rage dans ces jardins ! On appelait les cabinets de verdure : des bocages d'Aonie ; on se récriait à chaque bon mot, qu'il était assaisonné du sel du divin Ménandre ! Une dame portait le collier d'Alphésibée, une autre les perles d'Éryphile ; on invoquait tour à tour Dorat et Callimaque, Voisenon et l'ombre sacrée de Philétas de Cos. Climène et Lycoris dansaient tour à tour au son du violon et de la flûte phrygienne, à l'ombre des chênes d'Épire ou des pins de Pélion.

C'était une des fantaisies du maître de céans, d'être grec, et rien ne lui plaisait davantage que d'appeler sa maison la nouvelle Athènes, et de venir se promener sous *ses portiques*, en devisant avec ses *clients* de Phryné le *Crible*, ou de Phryné l'*Horloge*, ou de la grande question de savoir si la petite Féron du passage de l'Opéra, était une bouquetière aussi habile que Glycère de Sicyone? — La petite Féron fait mieux un bouquet à la main, s'écriait Moutonnet de Clairfons. — Glycère excellait à tresser les couronnes, reprenait la Porthe du Theil, et les voilà qui se mettent à entonner les chœurs de Nysa sur les sommets escarpés du Taïgète ; on eût dit la voix tonnante de Pindare qui chante un couplet des Porcherons.

Un jour le patron avait reçu, je ne sais dans quelle affaire, une coupe d'or, en guise de pot-de-vin ;... il trouva au dessert ce joli quatrain dans sa coupe et jamais il ne fut plus joyeux, tant il avait oublié ses malversations et ses propres injustices :

> Doclès ayant jeté la vue
> Sur une coupe d'or qu'avait Lysimachus,
> Aussitôt que Doclès l'eut vue
> Lysimachus ne la vit plus.

C'étaient là ses plaisirs ! Il aimait cet esprit à la Martial, en petits traits, en petits vers, et parfois il daignait en faire lui-même, que M. Laborde, valet de chambre du roi, daignait mettre en musique, et la musique valait la poésie ! Il aimait aussi à prouver parfois, qu'il était digne de sa fortune par le bon usage qu'il en savait faire, et qu'il savait, comme on dit en bon latin, *reluire de son propre bien*... Il eût refusé dix louis à son père qui l'eût supplié les mains jointes, en lui disant : Mon fils ! Il jetait sans sourciller, mille pistoles à un grand seigneur qui lui disait : Mon cher ! Les marquises de nouvelle édition et les duchesses de contrebande l'appelaient : Moncade ! Les philosophes besoigneux lui dédiaient leurs livres, avec cette suscription : *à Mécène* ! Pour l'homme de cour, il était le *petit* Chenevierres, et pour tout le reste, il était *Monseigneur* ! Encore avait-il le grand art de regagner, au jeu, ce qu'il perdait dans le tête-à-tête ; c'est une grande maquignone, la Bassette; elle est véritablement cette madame Accoste dont parle Shakespear, en un clin d'œil elle vous a dépeuplé l'empire de l'amour, et fait disparaître les distances! En ces moments de grandeur disparaissait le petit Chenevierres ; les plus hautains disaient, M. de Chenevierres, gros comme le bras !... Et l'on parle de la comédie et de ses enseignements! Voilà un bourgeois, fils de bourgeois, roturier de père en fils, qui joue au *Bourgeois gentilhomme !* Il ne voit pas, le sot, que sa maison est devenue un terrain neutre où ces messieurs et ces dames (le fat!) se donnent rendez-vous pour manger, parler, danser, causer, jouer et escamoter au jeu tout à leur aise; il ne voit pas qu'on le prend, qu'on le quitte, qu'on lui revient pour le quitter encore ; le frein de la mule est doré, est-ce que le maître en vaut mieux ? est-ce que la mule ira plus vite ? Il se croyait cependant un grand seigneur, à peu près comme le Grand Condé se croyait une chauve-souris, et parce qu'il professait décidément un grand mépris pour la vertu, il se plaçait, voltairiennement, aux premiers échelons de l'échelle des esprits forts.

Qu'importe, après tout! On s'amusait sans façon chez le riche Chenevierres, et l'on y venait sans façon! On y donnait des rendez-vous, on y faisait des rencontres, on y voyait des hommes et des femmes que l'on ne voyait jamais ailleurs; on y menait, de front, l'intrigue et la politique, le jeu et le bel-esprit; on y colportait des nouvelles et l'on en rapportait. En ce lieu public, les femmes qui donnaient le ton aux autres femmes, venaient essayer, dès la veille, les modes du lendemain, car la mode a cet avantage sur la vertu qu'elle est un progrès et une inquiétude de chaque jour. Ici venaient les comédiens pour se frotter aux vrais marquis, et les roturières pour étudier les duchesses; les vieillards s'y rattachaient de toutes leurs forces aux grâces de la jeunesse, les jeunes gens y copiaient à plaisir les vices de l'âge mûr ; on y lisait parfois d'assez touchantes élégies, on y prenait de bon café ; la médisance, la curiosité, le bavardage et le sans-gêne y étaient à l'ordre du jour.

On jouait aussi la comédie au château de Chenevierres ; c'était, comme chacun le sait, un des grands plaisirs de ce temps-là. Ces hommes et ces femmes, nés pour la montre, aimaient à tirer parfois leur plus beau visage de son plus bel étui, et à se montrer sur un théâtre, les hommes en simple veste de satin, les femmes en simple bavolet orné de diamants et de dentelles. « Changement de corbillon fait appétit de pain bénit ! » C'est un proverbe qui a perdu bien des femmes, de l'an de grâce 1750, à l'année d'épreuve 1789. — Seulement ces jeunes gens de serre chaude, montés sur un théâtre comme sur un piédestal, se montraient à leur peuple, pimpés, cardés, musqués, dorés endettés, frisés, pirouettant sur un talon rouge, et soufflant sur leurs manchettes de malines. Ils apparaissaient aux yeux des femmes éblouies, comme une lettre de change à trois jours de vue, et c'était beaucoup de temps : trois jours ! C'étaient, à haute voix, des vivacités, des tendresses, des transports, des sentiments ! On s'écriait : Comme il ressemble à Molé ! comme il rappelle Fleury ! et on vous les accablait d'applaudissements unanimes. Que dis-je ? le plancher du théâtre tressaillait d'orgueil sous les pas de ces grands hommes, et le zéphyr des jardins se trouvait bien fier d'animer des machines si charmantes. Beaux plumages ! On eût dit ces oiseaux de nuit, vides, creux et bouffis, sous leurs plumes bien luisantes, qui ne donneraient pas une bouchée de bonne chair.

Si les hommes se plaisaient à ces transformations qui les faisaient tant valoir, à plus forte raison les femmes, qui n'entendent pas que le monde se permette la plus légère distraction sur leur beauté. Les infortunées! Elles avaient pour se distraire et s'occuper : le jeu, la bonne chère, la grande toilette, les petits livres, la religion, la médisance, la comédie, les Italiens, la philosophie ; elles passaient de l'Opéra au bal, de la causerie au sermon, du dîner au souper, de la ville à la cour, de Versailles à Paris, de la campagne aux bains de mer, et dans le fort de ces négociations illustres, elles avaient, de surplus, quelques heures à donner à cette grande fête de se montrer en public, de plain-pied avec les hommes et les femmes des tréteaux. Quel bonheur en effet ce métier d'histrion, quand on l'exerce par vanité et par plaisir ! On change complétement d'allure et de maintien, de pensée et de discours, de nom et de prénom, de goût et de dépense ; on est libre de choisir l'habit et le visage qui vous vont le mieux : « Comment s'habille Madame, en amazone? Trop doux est votre sourire ! — En bergère? Trop fier est votre regard ! » On cherche, on trouve ; — on se rue à plaisir et ouvertement dans toutes les passions et dans tous les siècles ; vous êtes, tour à tour, reine et suivante, paysanne et marquise, la fille innocente, et la fille pervertie ; vous tenez tête à tous les orages de la vie, à toutes les fortunes, à toutes les misères ; vous êtes de niveau avec l'infamie, avec la gloire ! Quel que soit le rôle qui vous échoie en partage, vous acceptez résolument tous les défis que les envieux portaient à votre beauté, et vous la défendez, au pied levé ! *unguibus et rostro.*

Voilà pour les chefs d'emploi, décidés à plaire, et qui vous prennent au collet : l'amour ou la mort ? Quant aux autres, les doublures de l'emploi des amoureuses, les beautés de l'autre âge, heureuses, s'il en fut, dans les combats de la ruse et de l'optique, quelle plus belle occasion, je vous prie, de donner un démenti formel aux années menaçantes, de se montrer aux sceptiques, et sans que personne ose s'écrier : « Cet habit n'est pas le vôtre, Madame, je vous ai vue ailleurs ! » Et quand bien même un maladroit, un Fréron de salon, un Desfontaine de boudoir se permettrait de calculer l'âge de la comédienne de société, la dame répondrait à ces gens-là : C'est moi, c'est moi-même, c'est moi pourtant, la belle dame que vous voyez, jeune et bien faite, les traits les plus réguliers, la fraîcheur la plus vive, assise sous un saule et sur le regain de mon printemps, diapré de lis blancs et de pavots empourprés ! — La comédie de société ! quelle plus charmante façon de s'accrocher à la jeunesse et de savoir enfin si Cupidon a épuisé à Venise, toutes les flèches de son carquois ?

On n'avait donc pas oublié de construire un théâtre de société, à l'aile gauche du château de Chenevierres. Ce théâtre était à deux fins ; il servait de théâtre et de chapelle, tour à tour, — ingénieuse combinaison qui avait attiré sur la tête de l'architecte, les foudres de l'évêque de Meaux, foudres éteintes, hélas ! depuis que l'aigle qui les portait était retourné dans les cieux ! En revanche, l'artiste excommunié avait reçu une de ces lettres, datées de Ferney, qui portaient avec elles la renommée et souvent la fortune. L'œuvre achevée, on était venu de toutes parts, afin de savoir de quelle façon l'artiste s'y était pris pour loger, sous le même toit, Mlle Arnould et l'apôtre saint Jean ; la comédie et les Sacrements, sainte Élisabeth et le grand Vestris ?

Il paraît que ce difficile problème avait été résolu à la grande satisfaction de toutes les parties contractantes. Une heure suffisait au machiniste pour déranger les arrangements du sacristain, une heure suffisait au sacristain pour faire disparaître les inventions du machiniste. Ces voûtes où résonnaient, tour à tour, les chansons du *Devin du Village*, et le plain-chant, où l'on psalmodiait aujourd'hui la *Mort de César*, et le lendemain les psaumes de David, avaient été habilement chargées, dans un bleu de ciel équivoque, de toutes sortes de coquettes vertus habillées par Lagrenée : la Force au sein nu, la

Tempérance aux sourires provoquants, la Prudence à l'œil brillant, la Sagesse sous les traits enfantins et lascifs de la petite Luzzi. Sous un certain aspect, les amours de céans ressemblaient à des anges; il est vrai que les anges ressemblaient à des amours; ces anges libertins étaient de Coypel; ces amours en adoration étaient de Baudouin. Les uns et les autres ils montraient ce que montre un ange qui va se mettre au bain, un amour qui en sort. On respirait, en ce lieu profane et béni, une rare et étrange odeur de musc et d'encens; l'écho répondait également au nom d'Isaïe et de Carmontel.

Les jours de fêtes solennelles, nul ne se fût douté de la destination de cette chapelle. L'autel était dressé; les cierges étaient allumés dans leurs candélabres d'argent; les voix chantaient au lutrin; le prêtre montait à sa chaire; les prie-Dieu et les chaises remplissaient tout l'espace qui sépare le bénitier du jubé! Dans les tribunes venaient s'agenouiller les dames châtelaines d'alentour !

Les jours de spectacle, on dressait le théâtre sur l'emplacement de l'autel ; on abaissait la chaire, et elle devenait le trou du souffleur ; le lutrin servait de pupitre à l'orchestre ; le voile du temple servait de rideau de manœuvre ; le maître de chapelle conduisait les instruments ; le serpent donnait du cor, les enfants de chœur faisaient d'excellents choristes ; le suisse, en grand costume, tenait en main sa hallebarde et maintenait l'ordre sur la scène. Avait-on besoin du sénat romain, on habillait les marguilliers de la paroisse ! Dans la sacristie se déshabillaient les actrices ; les tribunes devenaient les loges de l'avant-scène ; dans le chœur on était à l'orchestre ; sur des banquettes, dans la nef, se plaçaient les gens du parterre ; les stalles restaient des stalles ; l'orgue soufflait l'ouverture avec le vent des tempêtes, ou bien, de son jeu de flageolets et de flûte éolienne, il accompagnait les plus délicates et les plus amoureuses chansons.

CHAPITRE IX.

DANS UN CHEMIN MONTANT, SABLONNEUX, MALAISÉ, ET DE TOUS LES COTÉS AU SOLEIL EXPOSÉ.

La maltôte en ce temps-là encore était jalouse de la royauté, plus tard ce fut la royauté qui fut jalouse, à son tour, de la maltôte. Les hommes qui tenaient dans leurs mains l'argent du royaume, étaient des êtres si bien appris et si sages, que tout ce que faisait le roi, ils le voulaient faire, et c'était, parmi ces Messieurs, à qui irait plus loin que le roi lui-même : émulation étrange, elle a poussé à mille folies, ces heureux financiers, en leur courte prospérité. Le roi dînait à quatre heures à quatre heures donc la table et le grand couvert étaient dressés au château de Chenevierres ; or, en attendant le dîner, les convives du maître de céans, les belles dames et les beaux messieurs, venus de Paris ou de Versailles, ce matin même, tout exprès pour minauder d'une façon champêtre, se promenaient sur cette belle terrasse, ornée et parée à la façon du moyen-château de Trianon. Certes ce n'était pas l'envie ou le désir qui leur manquait de tourner tout à fait à l'idylle; ils s'étaient levés, de bonne heure, afin de s'abandonner, tout à leur aise, à la contemplation de la simple nature! Ils s'étaient tous promis, en leur âme et conscience, d'invoquer ces dieux célestes, ces dieux choisis qui président à la beauté des campagnes !... Vains efforts! Désir impuissant! Ces hommes et ces femmes, bergères en paniers, bergers en dentelles, traînaient après eux, bagage abominable, les peines et les passions de la ville ! — Ils avaient des oreilles pour ne rien entendre, et des yeux pour ne rien voir, dans ces grands phénomènes de l'oiseau qui chante, du soleil qui brille, du ruisseau qui bruit! La plus avancée et la plus poétique parmi ces duchesses curieuses, contemplait du même œil ses paniers et le soleil, le firmament et sa fontange. Elle s'étonnait de sa montre anglaise qui était arrêtée, et du coq qui chantait dans la basse-cour! A tout propos elle s'exclamait sur sa passion pour la campagne, à telle enseigne qu'elle avait appelé son valet de pied : *la Rose*, et monsieur son cocher *la Verdure*, et elle faisait à cette belle journée d'été, une jolie petite mine qu'elle avait longtemps étudiée en un coin de son miroir. Le beau chevalier qui donnait la main à cette Amaryllis, reconnaissait, pour ses pères adoptifs, Théocrite et Thompson, Virgile et Gessner. Il les aimait, il les savait par cœur, il jurait de vivre et de mourir aux pieds de leurs autels... Fiez-vous aux serments du papillon volage! Après avoir jeté un regard distrait sur ce vaste ensemble de forêts et de maisons, notre chevalier Amyntas avait trouvé que l'odeur des tubéreuses lui portait à la tête, et il était occupé, — non pas sans avoir retouché ses cheveux, à se moucher avec bruit, dans un ample mouchoir baigné d'eau de senteur. — Vous avez là un mouchoir qui est un vrai parterre, chevalier; en fait de jardins, parlez-moi de la *Barbe d'argent*! voilà des parfums! voilà des essences! voilà bien l'âme des fleurs!

Ainsi marchaient, deux à deux, ou trois par trois, selon l'ennui et l'amitié qui les liait, ces gens habiles à tuer les heures; même pour s'amuser un instant, ils déchiraient à belles dents, la loi, leur prochain et les prophètes. L'Évangile était pour eux un déjeuner de soleil! De Notre Seigneur Jésus-Christ, ils parlaient avec moins d'attention et de passion que de Numa Pompilius, et de Mahomet. En dix minutes, ils vous avaient renversé la religion et toutes ses preuves; en un tour de main, ils dévalisaient Louis XIV de toute sa gloire ! Ils dissertaient tout ensemble d'un parement de robe et de l'Esprit des Lois ; leur grande inquiétude en ce moment, c'était de savoir si M. Lekain aurait un successeur, et s'il était convenable, vu la dignité du prince de Soubise, de lui donner le bâton d'un parvenu, tel que M. de Chevert? Ainsi, à peine arrivés sur le midi, et, après le temps de réparer le désordre de leur toilette, ces messieurs et ces dames étaient déjà bien loin de leurs projets champêtres du matin.

Ils s'ennuyaient, et peu s'en fallait qu'ils n'appelassent à l'aide de leurs ennuis les deux grands serviteurs de leur avarice, de leur oisiveté et de leurs vices, serviteurs perfides et complaisants, la ruine de plusieurs, et la honte de tous, Quinola le valet de cœur, Guillery le valet de pique ! Ils allaient à pas comptés sur ce sable doré et sous ces arbres estropiés, en tête de choux, le paradoxe à leur droite et le mensonge à leur gauche, et ils contemplaient à loisir, d'un regard distrait, le paysage qui s'étendait à leurs pieds, ces vieux arbres que le fer n'avait pas touchés, ces eaux libres de toute prison, ce vert et splendide espace de la terre qui se mêle et se confond avec le ciel, et, pour montrer leur esprit fort, ils se disaient sérieusement, que le baron d'Holbach avait raison, qu'il n'y avait ni Dieu, ni diable, ni peines, ni récompenses à venir, et qu'il fallait en finir, une fois pour toutes, avec la vieille sacristie !... Et toujours ils en revenaient à tourner la tête du côté de la poussière, des gens qui passent, et du grand chemin brûlé par le soleil.

C'est en vain que le cygne dans son bassin de marbre, la génisse dans son pré, l'écho jaseur, qui était le charme de ces grottes et de ces collines, ces orangers en fleurs, l'oiseau qui chante sur l'arbre, le cerf qui brame dans les bois, semblent provoquer ces martyrs de la vanité et de la mode.... ils aiment mieux savoir ce qui se passe dans l'auberge du *Soleil levant*, ce qu'on y fait, ce qu'on y mange, que d'obéir, un seul instant, au bruit de ces mille chansons, aux mille senteurs de ces campagnes. Que leur fait, à ces blasés, l'art et le luxe de ces jardins : ces plantes si rares, ces arbustes précieux, ces fleurs des tropiques, ces gazons des pays froids, ces rochers apportés de si loin, ces dieux et ces déesses de la Grèce, à la robe flottante, la tête chargée de corbeilles remplies? L'espace les appelle, ils résistent à l'espace; ils ne voient qu'eux-mêmes, eux seuls, dans la création de Dieu, et dans les arrangements de l'artiste! Ils se figurent que le soleil s'arrête, en ce moment, au plus haut des cieux, tout exprès pour contempler ces cordons bleus, ces cordons rouges, ces grandesses, ces duchés, ces pairies, ces toisons d'or! Quoi encore? Ces visages mouchetés, ces diamants, ces *esclavages,* ces carcans, ces chevaliers de Malte ornés des vices de l'Asie, ces abbés en taffetas violet, ces princesses en robes de satin jaune, ces officiers de la Maison-Rouge, ces poëtes vêtus de vert, ces magistrats vêtus de noir! A les entendre, le soleil est fait pour admirer tout ce beau monde, et pour lui demander son art de plaire et sa science des belles manières. Restez donc en repos, ruisseaux, fontaines, gazons, oiseaux chers aux dryades; allez à votre fantaisie, et sans craindre les poursuites de ce beau monde, ruisseaux jaseurs, abeilles errantes, insectes aux ailes d'or; fleurs et fleurettes, soyez libres; la paix soit avec vous, taillis, berceaux, marbres des grandes écoles, labyrinthe où se joue en ce moment un clair rayon à la poursuite d'Ariane..., on ne trouve pas que vous soyez dignes d'une fantaisie ou d'un caprice! — Non, disent-ils, ce n'est pas là la campagne que nous aimons!

C'était pourtant la campagne arrangée et attifée à la façon des grandes coquettes; mais l'art, quelle que soit sa violence, est moins puissant que la nature; un instant la nature obéit à ces violences, et bientôt la voilà qui brise les chaînes et les liens du marbre taillé, du fer ouvragé, des eaux comprimées, de ces treilles obéissantes, de ces pampres grimpants

et des arbres sculptés du tronc à la feuille...
Alors ils disent que tout cela c'est encore un peu trop la campagne!

En effet, pourquoi tant de verdure et tant de zéphyrs? A quoi bon tant de soleil et tant de ruisseaux? Ces moutons qui paissent là-bas, qu'ont-ils fait de leurs blanches toisons, et cette paysanne à grands traits, qui les garde, qu'a-t-elle fait de sa houlette? Quoi! ni rubans! ni dentelles! ni paniers! Pas d'Amaryllis, assise au bord de ces étangs, sur la lisière de ces bois! Pas un joueur de flûte, et pas un Lycidas sous ces hêtres! Du vrai fumier! du vrai gazon! est-ce possible? On voit à l'Opéra-Comique de si jolis râteaux en bois de rose, de si jolies bêches d'argent, de si brillantes faucilles à manche d'ivoire; enfin que deviendrions-nous, je vous prie, si quelque goutte de rosée allait tomber sur la frange de notre habit, si le grain de sable allait salir la garniture de nos jupons? Un brin de hâle sur ces belles joues, un brin de vent sur ces épaules demi-nues, il y a de quoi frissonner d'horreur! Au bord de l'eau, on s'enrhume; dans les bosquets on froisse ses paniers; à la haie vive on déchire ses dentelles; le vent passe à travers les jours des bas de soie et la maille des mitaines; sur la mousse la plus douce et la plus verte, on glisse et l'on tache son soulier.

Voilà comment ces messieurs et ces dames adoraient la campagne : ils l'avaient vue à travers une gaze aux mille couleurs; la campagne avait pour leurs esprits blasés, le charme du paradoxe! Ils en voulaient, à condition qu'elle serait faite à leur image, que le jour commencerait et finirait à leur ordre, et que si, par hasard, ils se trouvaient portés dans quelque jardin par trop rustique, ils se garderaient bien de quitter le tour de la maison et de s'exposer aux dangers du grand soleil et du grand air. Non! non! nous n'irons pas dans la plaine campagne, nous sommes bien sur cette terrasse, et dressez-y, s'il vous plaît, nos tentes; on voit, d'ici, tout ce qui va et vient sur ce chemin sablonneux et malaisé ; on voit fléchir les hommes et les bêtes de somme sous le faix ; on entend les plaintes et les gémissements qui passent ; on surprend les secrets du villageois et de sa maîtresse ; on se donne à soi-même la comédie et le drame ; tantôt c'est un capucin, et tantôt un moine qui grimpe la montée, tantôt l'accordée de village et tantôt le bailli, ou bien le médecin, gravement assis sur son petit cheval, ou la berline-poste lancée au galop de ses quatre chevaux. Nous sommes bien ici, Seigneur !

Curiosité ! c'était le nom de ces femmes ! Oisiveté ! c'était le nom de ces hommes ! Ils ne demandaient aux champs et au village que les spectacles que nous donnent les villes ! Ils sont morts sans savoir le nom d'un oiseau, ou le nom d'une fleur ! Tous les arbres, pour eux, c'étaient des arbres ! l'avoine et l'orge, c'était du blé ! Ils vivaient du perpétuel mensonge de l'âme, de l'esprit et des sens.

Un des points de vue adoptés de préférence

par les promeneurs de la terrasse, c'était justement la cour, le petit jardin, la tonnelle, et la salle basse du *Soleil levant.* Cette maisonnette du *Soleil levant* était une dépendance du château. M. de Chenevierres l'avait arrangée à son usage, et de façon à avoir toujours à sa portée, le spectacle animé de cette guinguette où se tenait le bal, chaque dimanche. Ainsi allant et venant sur ces perfides hauteurs, les hôtes du château finirent par découvrir ce beau jeune homme et cette fille si bien faite, errants par les champs. On remarqua, tout d'abord, qu'ils étaient, l'un et l'autre, dans leur plus agréable jeunesse; le jeune monsieur de la plus belle apparence, la jeune demoiselle, élégante et svelte, mais sans maigreur; ses beaux cheveux, pareils à un feu follet, paraient son front d'une douce lumière. — Ils étaient loin encore; on les laissa s'approcher sans méfiance! Les voici! Le jeune homme met pied à terre, et la fille s'appuie un peu plus qu'il n'est besoin sur cette main qui lui est tendue! Où ils vont? ils le savent à peine ; d'où ils viennent? nous le savons bien ! Ils sont heureux, ces enfants épris de leurs sourires ! Ils sont plongés dans un parfait quiétisme de conscience, ces bohémiens, animés de la sensation et du sentiment de l'amour. Ils ne se doutent pas, et tant s'en faut, de ces devoirs féroces qui consistent à combattre les tendances de son cœur; ils ne connaissent des sens, que le trouble heureux, la joie ineffable et l'ivresse cachée ; ils n'en sont pas à la honte encore ; le garçon ne sait pas attaquer, la fille ne sait pas se défendre ; ignorants, ils ignoraient surtout que des oisifs de si bonne compagnie pussent trouver tant de récréation et de plaisir à espionner d'honnêtes amoureux, dans le matin de leurs années, dans le printemps de leurs amours.

Heureusement que leur mauvaise étoile, qui les menait au *Soleil levant,* ne fut pas la plus forte, tout d'abord. Le bonheur voulut que le pampre et la vigne de la tonnelle les protégeassent un peu contre tous ces regards indiscrets.

En vain ces messieurs et ces dames de là-haut, cachés derrière une palissade de houblon, se penchaient, pour mieux les voir, au-dessus de ces têtes sans méfiance, on en voyait à peine le profil souriant, et c'était grand dommage pour ces âmes curieuses et blasées, filles du luxe et de l'ennui, de ne pas assister tout à leur aise, au spectacle charmant de cette passion naissante... Ces grâces, ces beautés, ces ignorances, ces beaux yeux, tout remplis d'un feu limpide, ces frais visages animés de toutes ces idées en tumulte, ces clartés divines, ces paroles éloquentes, ces silences ineffables, ces prévenances, ces promesses muettes, ces agaceries et ces câlineries ingénues...; ce garçon qui rougit le premier, et cette fille qui rougit de compagnie, en un mot, tout ce petit drame sous la treille, à défaut du saule où se cache Galathée, échappèrent, ou peu s'en faut, à l'ironie empressée de ces cavaliers servants de Vénus, mère des Grâces; de ces dames, suivantes de Cupidon, roi des dieux et des hommes : en vain ils accourent, les uns et les autres, à pas de loup, retenant leur geste et leur souffle, afin de saisir au passage quelques frais accents de ce duo timide et brûlant de la convoitise et de l'innocence,... on ne les voyait que par échappées, on ne les entendait que par monosyllabes : l'ombre jalouse et discrète défendait mes deux voyageurs contre ces hommes pervers et ces femmes curieuses que le poëte compare à ces flèches qui volent dans la nuit.

Il y avait dans ce groupe de connaisseurs et d'amateurs en toutes les choses de l'amour, une amie intime de madame de Rupelmonde, la comtesse de Boislandy, femme de qualité, mais revenue, ou peu s'en faut, des vanités de la jeunesse, et qui employait le temps qui lui restait, à se souvenir du temps d'autrefois. Elle avait découvert la première (elle s'y connaissait si bien) cette douce fumée, indice de ce grand feu, et d'un regard jaloux, elle suivait le progrès de l'incendie, expliquant tout bas cette idylle et le peu qu'elle en voyait.

— Chut! disait-elle, un doigt sur ses lèvres, et prenez garde de faire envoler ces oiseaux bleus, couleur du temps! Je les vois qui filent leurs amours dans la feuillée, et qui boivent, dans le même verre, aux prospérités de leur voyage!...

— Certes, reprenait le vieux maréchal de Grancey, qui venait de frotter ses lunettes, voilà un jouvenceau qui aura dit son oraison de saint Julien, de bien bonne heure... et comme sa cousine le regarde, un vrai cousin du côté gauche, n'est-ce pas, comtesse? — Et qui m'ont tout l'air d'avoir entendu la messe de Gnide, Monseigneur, reprenait un bel officier de la compagnie écossaise... — Et qui s'en vont chanter laudes et complies à Cythère, reprenait la comtesse! A ces mots, le vieux maréchal, repoussant doucement le jeune officier : — Capitaine, disait-il, au nom du ciel! laissez-nous voir ce qui se passe là-bas. — Que diable! vous avez tout le temps, vous autres, vous êtes jeunes, vous avez les yeux d'un aigle amoureux, pendant que madame de Boislandy et moi nous n'y voyons guère; raison de plus, capitaine, ôte-toi de mon soleil!

Alors le vieux maréchal, reprenant sa description commencée : — Oh! les bandits et les heureux bandits, Madame la comtesse, regardez-les; j'ai vu dans ma vie des figures d'amoureux, sans compter la mienne, j'en ai vu rarement de plus avenantes. Voyez-moi cette fille-là! Fraîche, mignonne et vermeille comme une rose des bois, d'une grâce à faire envie à Euphrosine, et d'un brillant à faire honte à Terpsichore. Voyez comme ces cheveux se jouent à plaisir sur cette tête inclinée! Écoutez-moi ces grands yeux éloquents, bien fendus, à fleur de tête et d'esprit! Quel plus beau tour que le tour de ce beau visage et de ces beaux regards, et quelle joie inquiète, pourtant, ignorante encore, et qui tourne à la tendresse, comme l'héliotrope au soleil!

Après un silence, hélas! de convoisise et de

regret, le maréchal, reprenant sa description commencée :

Et le cousin de cette cousine, comtesse, le voyez-vous? J'ai bien peur que ce gaillard-là ne néglige, en fin de compte, les formalités légales du mariage. Vrai Dieu! convenez-en, (vous vous y connaissez mieux que moi), avez-vous jamais rencontré, quand vous étiez jeune, un damoiseau de cette qualité, un étourneau plus vif, plus leste et mieux tourné? En voilà un, j'espère, qui est à sa réplique, et qui peut dire, lui aussi : « Excité par le succès, mon dessein formel est de faire une sottise! » Il en fera plus d'une, le drôle, et, s'il va longtemps de ce pas-là, il se prépare de bons contes à raconter dans sa saison d'hiver. Est-il assez leste et pimpant, et dispos, et disposé à faire, de nécessité vertu! Et comme la fortune est injuste! Tout à ces gredins-là, rien à nous autres! Ça n'a pas de nom, ça n'a pas le sou, c'est vêtu à la diable, ça n'a pas pour six blancs de remords, de scrupule, de conscience, de catéchisme; ça ne fait pas trente-deux ans à soi deux, et ça s'enivre, à notre barbe grise, d'eau fraîche, de petit vin et de baisers! Ici le vieux maréchal poussa un gros soupir! Certes, il eût donné en ce moment son cordon bleu, sa pairie et son duché, et sa charge à la cour, et son bâton de maréchal, gagné à la bataille d'Haskemberg, sous les yeux du maréchal d'Estrées, pour rafraîchir ses lèvres brûlantes, dans le verre de Louison. Ah! vieillesse! à chaque pas on te retrouve, à chaque regret on t'accuse, à chaque heure on te maudit! Oublier qu'on est vieux, c'est impossible! On s'en souvient, rien qu'à voir ceux qui sont jeunes! Madame de Boislandy, quand elle vit le vieux maréchal tombé dans ses humeurs noires, se mit à chanter tout bas la chanson nouvelle de Collé :

> C'est en approchant comme ça
> En novembre,
> En décembre ;
> Que sous son rideau sa
> Sœur me cacha
> Comme ça!

Le maréchal restait pensif, et madame de Boislandy, prenant le vieux seigneur par le bras :
— Venez, dit-elle, et convenez que nous sommes bien bons de nous tant occuper de cette petite demoiselle vagabonde, et de son chevalier errant.

Pendant qu'ils regagnaient la maison d'un pas attristé par l'âge, entraînant après eux une douzaine de curieux qui n'avaient plus rien à voir aux amours d'Eugène et de Louison, il arriva que notre officier de la compagnie écossaise resta seul à contempler le petit drame du *Soleil levant*. Ce spectacle de l'amour heureux, il le suivait sans envie, au contraire, il eût voulu souffler du bonheur à nos deux amants, comme au temps des fées propices. N'allez pas cependant lui décerner tout de suite la couronne des rosières; il était jeune, il était beau, il était près de mademoiselle de Rupelmonde, que sa mère avait confiée à madame de Boislandy. C'était une de ces beautés, mademoiselle de Rupelmonde, pour lesquelles un galant homme ressent tout de suite un peu plus que de l'admiration ; mais comment oser lui dire : Je vous trouve belle ! Elle était une riche héritière, il n'était qu'un pauvre officier; elle ne lui avait jamais parlé, il la voyait pour la seconde fois !

L'Eryngium, la fleur de poésie, vint en aide à ce bel officier aux yeux bleus, aux cheveux blonds. Comme il était tout entier à sa contemplation, il sentit près de sa joue — était-ce un rêve? — une flamme, un souffle, une belle joue animée de l'incarnat de la jeunesse; c'était mademoiselle de Rupelmonde elle-même qui regardait, de tous ses yeux, de tout son cœur, (regard ébloui! cœur enivré!) par la charmille entr'ouverte, nos deux amoureux, au moment, leur repas achevé, où ils se paraient, elle et lui, de *l'Eryngium*, le talisman de Phaon et de Sapho. Si vive était la couleur de cette émeraude des champs, si brillant était le reflet de la petite fleur sur ces fronts enchantés, si puissante encore après tant de siècles, cette plante divine, que, pour l'avoir entrevue un instant, dans ce lointain lumineux, ce favorable *Eryngium*, voilà mademoiselle de Rupelmonde et le beau capitaine qui se troublent jusqu'au fond de l'âme! Ils aspiraient, chacun de son côté, sans le savoir, sans le vouloir, l'enivrante vapeur de l'*Eryngium*, et déjà ils s'aimaient, quand cette belle personne, en retirant sa joue de l'ombre qui la cachait, frôle, en rougissant de honte et d'amour, le visage du jeune homme, à ce bel endroit du visage où la bouche s'arrête, où commencent le sourire et la rougeur.

Comme nous l'avons dit, Louison et son amant gravissaient peu à peu la montée en pleine confiance, en pleine lumière, laissant deviner, déjà, leurs émotions les plus cachées, à ces argus qui tuaient le temps et le printemps en attendant le dîner. Elle ne se doutait pas, non certes, cette belle fille ainsi parée, et belle, en effet, à faire courir les vieillards les plus revenus du monde, à arrêter court les jeunes gens les mieux lancés, qu'elle était devenue un point de mire pour le jeune officier et pour son

Amaryllis. Eh! si elle n'avait pas couru d'autres dangers, passe encore, elle était sûre d'être louée et applaudie, à son passage, par ces deux jeunes gens qui t'obéissaient si volontiers, ô douce contagion de l'amour!

Hélas! à mesure que le petit cheval faisait un pas, l'attention, là-haut éveillée, en faisait deux; à cette curiosité se mêlaient l'*Eryngium* et ses influences, et ces hommes rompus et corrompus, et ces âmes vides et avides couraient haletants au-devant de ces deux enfants, qui étaient aussi étonnés que les pâtres d'Égypte, lorsque les sauterelles sortirent de l'abîme pour dévorer leurs pâturages. Après les atrocités des Prussiens en Saxe et en Pologne, on ne vit jamais rien de plus cruel que le bruissement de ces hommes et de ces femmes, attisés par les vapeurs de l'Eryngium, et rendus furieux par l'impuissance même de mal faire. « Ah! disait cette foule curieuse (mademoiselle de Rupelmonde et le beau capitaine étaient restés un peu en arrière, à ne rien voir) les voilà! les voilà donc ! Nous les tenons enfin, ces amoureux qui se cachent sous la vigne ! — Un prince en habit court, une reine en habit de nymphe ! — Soyez les bienvenus, Majestés ! Salut et humble dévouement à Vos Seigneuries ! Salut ! et saluez à votre tour, une troupe de fous et de folles qui courent après vos belles grâces ! » et, comme nous vous le disions au commencement de ce chapitre, c'étaient des exclamations ! c'étaient des : Vivat ! c'étaient des chansons ! on eût dit madame Engueule s'amusant des plaisirs de la canaille chez Nicolet. Vous pouvez penser si cette aventure de promenade, au milieu de cette campagne inhospitalière, parut d'un mauvais présage à la triste Louison. Elle et lui, elle et son amant, ils étaient devenus un spectacle pour ces messieurs ; ils étaient pour ces dames, une ironie, une déclamation !

Ces gens-là sans doute étaient cruels, ils l'étaient sans le vouloir ! C'était la faute de l'Eryngium, et un peu la faute de l'amoureuse et de sa beauté, de l'amoureux et de sa jeunesse. Jamais rien de si charmant n'était apparu à ces yeux brûlés à la lueur des lampes brûlantes, jamais plus de grâces ne s'étaient montrées à ces esprits blasés sur les émotions du roman, du theâtre, du poëme, de la fortune. Songez donc que les femmes les plus avancées dans le sentiment champêtre, en étaient restées à Rose et Colas pour élégie; elles ne savaient rien de mieux, en fait d'amoureux et d'amourettes, que la *Chercheuse d'esprit* et Madame Favart. Il ne faut donc pas s'étonner qu'Eugène et Louison, ornés de l'Eryngium, les eussent à ce point fascinés. Oh! vraiment le divin spectacle : les naissantes amours! le bonheur à deux, le vrai bonheur, enveloppé dans un pli du ciel! Ni honte, ni remords, ni inquiétude, ni jalousie, rien au passé, rien à l'avenir, et tout à l'heure présente, et que pouvait-on comparer à cet amoureux, pareil à Apollon chez Admète, à cette amoureuse aussi tranquille dans ces herbes et dans ces fleurs, que la fille de Cérès, prête à tomber sous la main du roi des sombres royaumes? Certes à l'Académie royale de Musique, lorsque madame Larrivée y chantait les *Fêtes de l'Hyménée*, lorsque Vestris et mademoiselle Guimard représentent la *Noce de Village*; certes à la Comédie Française, aux grands jours de Lekain et de mademoiselle Dumesnil, avec Molé et mademoiselle Doligny pour la petite pièce, que disons-nous? même à la Comédie-Italienne, lorsque se rencontraient, dans une scène galante de l'abbé Voisenon ou de l'abbé d'Allinval, le grand Clairval et l'illustre amoureuse, Camille Véronèse, digne de porter ce grand nom, tout resplendissant de poésie et de soleil, ces messieurs et ces dames de Chenevierres étaient loin de rencontrer l'émotion, l'intérêt, la curiosité, le charme de ce petit drame de grand chemin; ce drame pouvait prendre les titres les plus charmants : *Les Amants ignorants, les Amants réunis, l'Amour précepteur, l'Arcadie enchantée, les Heureux Esclaves, l'Horoscope accompli, la Précaution inu-*

tile, le Prince travesti, la Servante maîtresse, les Débuts, Coraline magicienne, Coraline jardinière, Coraline esprit follet... Autant de chefs-d'œuvre qui se réunissent et se confondent en un seul : *Les Jeux de l'amour et du hasard.*

CHAPITRE X.

L'ÉPREUVE NOUVELLE.

C'est ici que j'ai besoin de ton souffle jaseur, doux chalumeau, que rattache au hêtre de Tityre, un brin du saule où se cache Galathée ! Ma chanson est une chanson de l'Attique, elle me vient du poëte Daphnis, berger de l'Ida ; elle ressemble au bourdonnement de l'abeille, elle rappelle l'odeur suave du cityse, et pourtant, idylle ou conte, je ne sais quel danger me chiffonne la cervelle en ce moment; je suis en peine de mon œuvre, et je ne vois plus guère à me tenir, sans balancier, sur ce fil d'or et de soie, filé par les Muses galantes, d'Anacréon à Marivaux. Que produira cette corde? on n'en sait rien! Je vous ai dit volontiers d'où viennent nos deux amoureux; où ils vont? on s'en doute! Toutefois le pas est glissant, pour le conte et pour le conteur! Tel qui se permettrait facilement un léger mensonge, hésiterait à prêter un faux serment. Et puis, c'est un rude métier, la description; on s'y plaît d'abord, on se fatigue bientôt de ces esprits qui ont si grand soin de leur corps, et le plus souvent on les plante là, au beau milieu de leur attifage; aussitôt voilà ma chanson qui se change en complainte, et mon rire en tristesse; voilà ma couronne de fleurs des champs qui se dessèche sur cette tête enrubannée!... Il faut se méfier de l'hyperbole, dans le discours, et de l'hyperbole en rubans.

Que dit le Cyclope de Théocrite, en pareille

occasion ? Il ne s'amuse pas à décrire le paysage d'alentour, il va droit au fait, il chante aux flots sa chanson amoureuse ! « Je chanterai, sur cette roche, te pressant entre mes bras, et regardant la mer de Sicile ! » Voilà qui va bien, et qui ne nous surprend guère, ils sont si mal élevés, ces Cyclopes ! Mais cet autre amoureux, l'amoureux naïf, n'est guère plus satisfaisant que l'amoureux brutal. Demandez-lui comment est faite sa Philis : Allez voir son image dans le ruisseau voisin :

Dans le cristal des eaux ma Philis se mire !

Il n'y a pas encore tant d'années, sous le règne de Tibère-Néron, lorsque les îles de Neuilly remplaçaient Caprée, et que Séjan s'appelait M. Guizot, les plus habiles écrivains de ces époques malheureuses, forcés d'amuser leurs tyrans, venaient à bout de cette tâche ingrate, à l'aide d'un admirable et merveilleux procédé, que je regrette et que je pleure, en ce moment surtout, où ma plume lassée ne demanderait pas mieux que de me planter là, moi et mon conte, et d'aller faire l'école buissonnière dans la forêt de Saint-Germain, en ces premiers jours de soleil et de printemps.

Je veux parler de l'habitude où les maîtres en l'art d'écrire et de décrire toutes choses, étaient alors d'avoir, à leur suite et à leur ordre, quelque habile et ingénieux dessinateur, tout comme l'orateur romain avait à son service un joueur de flûte, assis au pied de la tribune, pour donner à la voix qui parle, le ton de la place publique et la véritable clef de ce peuple attentif! Oui! et pas un écrivain de notre temps ne se privait de l'aide et de l'appui de Geoffroy-Crayon, devenu le collaborateur indispensable à son génie. Au moindre passage difficile, et dans le détroit de la difficulté : — Allons! disait l'écrivain à son peintre ordinaire, venez çà, et me dessinez, ici même, entre ces deux pages de dialogue, une charmante amoureuse, qu'il m'est impossible de décrire, la plume à la main. Écoutez-moi! et suivez-moi!

Je veux une héroïne un peu plus belle que je ne saurais le dire, en pleins rayons, comme l'étoile du Midi, calme et paisible comme l'étoile du Nord. Allez, croyez-moi, allez tout de suite à l'idéal, c'est le plus court chemin pour arriver à la dame de mes pensées. Je connais les parents de ma bien-aimée... la Lune naissante est sa mère ; son père..... un songe d'avril ! — Je voudrais aussi, un peu plus loin, à cinq ou six pages de distance, montrer au lecteur curieux, l'image de l'amoureux de mon amoureuse, un Phœbus brun, un gaillard qui connaisse l'amour, qui sache trouver son chemin sous les ombrages, qui use du temps comme un fou, et qui tire parti de la vie comme un sage. Aussitôt, obéissant à mon ordre, s'inclinait mon artiste, et moi, me voyant délivré d'une peinture qui eût brisé ma plume impuissante, je poursuis mon récit commencé, jusqu'à ce que j'arrive, à travers les caprices, désormais peu gênants de ma fantaisie, à mon fameux chapitre XXV. Ah ! maître Crayon, je vous attends à mon chapitre XXV, à la fête que j'y donne, et dont vous serez le grand ordonnateur ! Je veux (écoutez-moi bien) que jamais plus de magnificence et de splendeur n'aient éclaté dans les pages blanches d'un poëme, non pas même dans les chansons de l'Arioste. Allons, mon maître, bon courage, appelez tous vos souvenirs à votre aide ; recherchez toutes vos études ; réalisez, pour mon compte, et dans le champ clos de mon roman, vos plus merveilleux châteaux en Espagne ; car ma fête se passe en Espagne, dans le palais des rois maures, aux belles époques de la grandesse, à peine éclose sous l'astre éclatant de Charles-Quint !

C'est ainsi qu'au temps dont je parle, le poëte, à tout obstacle, rencontrait un pont qui le menait à l'autre rive ! Il donnait son plan et ses idées au faiseur d'illustrations, à peu près comme l'architecte au manœuvre, et, chose curieuse ! il arrivait presque toujours que le modeste serviteur de votre gloire, votre peintre-servant, l'humble caudataire de votre imagination à la robe traînante, s'en allait, du même pas, consulter, en votre faveur, tous les astres favorables du passé. Ceci s'appelait l'exploitation du crayon par la plume; la besogne de l'écrivain consistait à remplir, d'un dialogue vif et animé, autant que possible, les pages blanches qui séparaient la première image de la seconde image, et ainsi jusqu'à la fin du livre; alors, et pour peu que votre dessinateur fût un grand artiste, pour peu qu'il eût la main légère, le cœur enthousiaste; qu'il fût jeune, amoureux, savant, passionné, et que son crayon, taillé par les fées, semât volontiers sur vos pages languissantes mille chefs-d'œuvre de goût, de couleur et de génie, il se trouvait, qu'en fin de compte, vous aviez fait un livre très-beau, très-splendide, très-peu lu, très-regardé et..... ça n'était pas plus difficile que cela !

Que de révolutions et de changements, depuis ces jours heureux d'imagination abondante et de facile poésie ! Le crayon, un des héros littéraires de 1830, a fait sa révolution de Février; il s'est retiré sur le Mont-Aventin, il a abandonné à ses propres forces la plume, sa bourgeoise; il a voulu savoir enfin comment les romanciers et les poëtes se tirent d'affaire, lorsqu'il faut montrer aux yeux quelque belle fille, au visage charmant, et fraîche comme un matin d'avril, ou tout simplement s'ils promènent le lecteur dans quelque paysage agreste, dessiné avec amour ? — Des mots ! et des mots ! rien que des mots ! s'écrie Hamlet, en songeant à la misère des poëtes, privés de la collaboration du dessinateur, et que faire avec des mots, quand on a pris l'habitude de ne plus rien décrire par soi-même, et comment forcer, à lire vos pages écrites avec art, ce même lecteur qui, de son côté, s'est habitué à regarder ce qui se passe dans les livres, comme on regarde, par la fenêtre ouverte, ce qui se passe dans le jardin de la maison ?

Si donc j'avais à mon obéissance, ici même,

un dessinateur habile, ingénieux, discret, qui, d'un trait vif et net, vous expliquât cette terrasse de Chenevierre, droite sur un terrain mouvant; chargée d'arbres, au milieu d'une plaine féconde en moissons; bâtie à jour, de manière que l'on puisse entrevoir, par les intervalles réguliers de la rampe en pierres ouvragées, le talon rouge ou bleu des marquis, et le falbala des duchesses ; si mon dessinateur n'oubliait pas (et il ne l'oublierait pas), au bout de l'avenue, la salle ronde, entourée de cariatides élégantes qui portent légèrement ce toit léger, surmonté de la girouette criarde, vous et moi nous arriverions, sans trop de peine, à nous faire une juste idée de cette construction génoise et parisienne, tout ensemble; à demi Louis XIV, et Louis XV aux trois quarts; scandaleuse et gracieuse réunion des cieux et des génies les plus divers! — Le ciel de Naples sous les nuages de Saint-Cloud; Vignole accouplé à Mansard ; Vitruve arrangé par Scamozzi.

Mon pavillon vivement dessiné, avec mille grâces et mille contours sur les bords de ce gazon, comme une frange au bord d'un jupon, et cette belle maison qui s'élève au bout de l'avenue, habilement indiquée, il me serait facile alors de vous montrer la scène, à peu près comme elle s'est passée entre mes deux voyageurs-enfants, et les hôtes indociles de ce palais de Memnon. Vous verriez, sans tourner la page, la paille fraîche du petit chariot, et sur la paille (un vrai trône à qui est jeune, amoureux et assis près de ce qu'il aime!) on vous montrerait nos amoureux se faisant, par-ci, par-là, l'emprunt désintéressé de quelque baisers. Il est écrit en effet : Prêtez-vous les uns aux autres, sans intérêt : *mutuum date vobis, nihil indè sperantes!* — Ils allaient au pas, je l'ai dit, et je ne serais pas obligé de le dire à deux fois, si je pouvais, moi aussi, vous renvoyer à l'estampe, comme le fait Jean-Jacques, en sa *Nouvelle Héloïse*. A mesure que montait ce chariot, les dames de la terrasse suivaient, de plain-pied, abritées sous l'ombrelle aux reflets irisés, pendant qu'Eugène et Louison, couchés en joue, Eugène par ces marquises, Louison par ces marquis, restent exposés à ce soleil, à ces regards, à ces quolibets, à ces propos menus, à ces gros mots. Il n'est pas plus brûlant et plus dangereux le sentier qui traverse les astres dans le ciel !

J'ai su le nom de tous les convives du châtelain de M. de Chenevierre, secrétaire du roi ; mais cette liste, je l'ai perdue, et c'est dommage ; vous eussiez vu que Louison et son camarade étaient tombés dans un guêpier. On retrouvait, en ce lieu formidable à l'innocence, la fine fleur de ces sceptiques, de ces railleurs, de ces négations des deux sexes ; ces esprits aventureux, ces âmes perverties, et ces vieilles folies en cheveux blancs, ces disciples de madame de Maintenon tournées en vices et en regrets ; ajoutez le vice qui s'en veut d'avoir commencé si tard, et la beauté qui se pleure et se regrette pour avoir fini sitôt. Elles étaient là aussi, ces femmes galantes, dont la vie était un scandale et une ruine ; ces femmes beaux-esprits, dont la vie était une médisance et une calomnie ! ces femmes — véritables sauterelles sorties de l'abîme — qui traînaient après elles les plus grands noms de la monarchie, qu'elles avaient effrontément souillés dans les désordres de l'esprit, dans le scandale des sens ! L'intrigue était leur travail, et de l'amour même elles avaient fait une intrigue ! Elles vivaient sur l'héritage du passé, comme autant de chenilles sur des feuilles mortes, et, pour faire leur portrait en deux lignes, elles ressemblaient aux hommes mêmes qui leur donnaient la main, des hommes anéantis ou des femmes anéanties ! — Plus rien de sincère, de vrai, de simple et de fort ne vivait dans ces têtes, et plus rien d'honnête et de grand ne battait dans ces cœurs ! Ces messieurs et ces dames, en guise de passe-temps, et pour occuper leur oisiveté coupable, s'amusaient à renverser le vieil édifice qui les abritait de ses murailles croulantes! Encore un souffle, et l'homme sera brisé sur son dieu brisé; et l'autel sera renversé sous l'édifice renversé.

Je ne sais pas leurs noms, mais je vous dirai leurs visages: Ah! les gros yeux, les larges panses, les peaux jaunâtres, les vues basses, les tailles courtes, la bouche plate et les mains sèches! Les voilà ces Adonis à la jambe tendue, ces dégingandées, à la démarche provocante! Voyez-vous celui-ci? — Un philosophe qui marche de visions en visions, et de ténèbres en ténèbres, quand il devrait s'avancer de clartés en clartés! Il est content de lui; car il est en train de rompre l'unité du genre humain! Il a fait de Dieu lui-même, un être désarmé, un être inutile, un être perfide et menteur. — *Vade retro!* lui dit-il, et il se frotte les mains de joie, en songeant à sa victoire! — Voyez-vous celui-là? Un poëte qui touche au gouvernement des peuples, qui escalade le ciel sur les échelles d'Encelade! Et ces académiciens de contrebande, enflés d'un titre qu'ils jettent aux pieds de tous les grands seigneurs assez humbles ou assez dédaigneux pour accepter cette humble décoration de leur haute fortune ! Et ce vil parasite, impudent flatteur de ces richesses volées, qui paye, en lâches complaisances, le morceau de pain qu'on lui jette ! Allons ! çà ! venez tous, qu'on vous montre au doigt, Messieurs les sylphes de la cour, du parlement ou de la ferme générale, et venez toutes afin que l'on vous salue au passage, servantes de Cupidon, vice-douairières du vice et des passions !... Tels ils étaient ces amis du baron de Chenevierre ! Tel était le fond de cette société perdue de dettes et de vices, qui payait avec usure les fortunes et les gloires, épuisées depuis longtemps. — On eût dit autant de gens en proie au songe... quand ils voulurent se réveiller, ils entendirent à leurs oreilles ces paroles de Tibère à un dissipateur qui lui demande l'aumône : — Dors encore ! tu t'es réveillé trop tard !

N'oublions pas, dans cette foule oisive, un

abbé... l'abbé tenait à cette époque, la place de Zamore le nègre, dans les portraits de madame du Barry; la place du sapajou, dans les portraits de la princesse de Talmond. Imaginez-vous le fils cadet d'un gentilhomme verrier, avec beaucoup d'esprit et pas de bien, ce qui est une aussi grande misère, à ce qu'on dit, que beaucoup d'argent sans esprit. Cet homme est un vaurien! Il se dépense en vaudevilles, en couplets, en sornettes, en billets doux qu'il écrit — le lâche! pour le compte d'autrui! Comme il n'aime pas la gêne, il s'est débarrassé bien vite du peu d'honneur qui lui restait. Il est né orgueilleux, violent et poltron... son habit le met de niveau avec les plus nobles personnages, et à l'abri des insultes que lui vaudrait son humeur! Il est paresseux... un bénéfice a comblé cette lacune. En fait de théologie, il n'a jamais su que la bulle : *In cœnâ Domini* et la bulle suivante: *Vineam Domini sabbaoth*. Il est attaché au service des dames, pour tout ce qui les concerne; il donne

son avis sur l'amant de ce matin, et sur la robe de ce soir ; il noue et dénoue toutes les intrigues ; il débrouille toutes les navettes embrouillées. En sa qualité de bel esprit, ennemi de Voltaire, il a protégé l'auteur d'*Atrée* et de *Catilina* ; le monde éclairé lui doit la parure de *souris d'hannetons*, et la mode des berlines basses, qui ont l'avantage de faire paraître les laquais beaucoup plus grands. Il sait tout, excepté l'orthographe ; il vous dira qu'il est de bon ton d'aller aux Italiens le lundi, à l'Opéra le vendredi, et le samedi aux Français. Il a prôné le premier, seul contre tous, l'inoculation, les jardins anglais, l'*Esprit des Lois*, l'eau de Luce, les chevaux à courte queue, et la poudre à l'iris pour les toilettes du matin. Il a rendu certes de grands services à la France ! Celui-là pourrait dire comme Ovide, en ses *Amours* : « Laissons les vieillards regretter les anciens jours, je suis content de vivre aujourd'hui ; le siècle présent convient à mes mœurs !
— *Moribus apta meis !* »

Ce prêtre (il était prêtre) occupait tous les petits emplois dans la maison de son maître et seigneur; en attendant les enfants, dont il sera le précepteur, il était la cheville ouvrière de tout ce petit monde des aimables trahisons, des noirceurs élégantes, des scélératesses adorables; il était expert connaisseur en tout ce faste bizarre : diamants, pompons, romances, sermons, mandements, pièces fugitives, colifichets en tout genre; il avait poussé à leurs dernières limites, et aussi loin que l'absurde peut aller, l'amour du bruit et le respect pour l'argent, la vanité d'être un coquin et le plaisir de mal faire; il dictait, chaque matin à son valet, un échappé du séminaire qui était le Laurent de ce Tartufe, toutes sortes de *nouvelles à la main*, un mont-joie abominable de ces calomnies qui font antichambre chez les laquais, de ces satires ramassées dans un fouillis d'histoires scandaleuses, dont les plus innocentes enseignent une perfidie... un crime tout au moins! Mais — la belle aventure, ô gué! — et quelle rage me pique de faire avec tant de soin le portrait des monstres et des magots de la cheminée? N'ai-je donc plus à mon usage les pampines de Boucher, les bronzes de Riesener, les émaux de Petitot, les terres cuites de Claudion, les gravures de Martin Eisen, les images de Gravelot, et les pastels de Latour?

J'en passe et j'en oublie à dessein; le beau mérite d'ailleurs quand j'irais vous montrer en détail, sans oublier une verrue, un cheveu blanc, ces mines omineuses, ces faces splendides, ces arlequins et ces colombines de la création; ces galants occupés, chaque matin, à inscrire un nom nouveau sur leur calendrier de nuit, payant et..... payés pour ne pas croire à l'honnêteté des femmes. — Tel il était pourtant, ce siècle à deux fins, semé de quelques honnêtes esprits, de deux ou trois cœurs généreux; et il était, ce monde à la mode et au goût de ce siècle frivole; il était disposé à toutes les servitudes, parce qu'il obéissait à toutes les lâchetés, ce peuple fringant des heureux, des puissants et des riches, doux à l'insensé, amer au sage ! — Il a cruellement expié ses excès et ses vices ! Paix et repos à cette cendre ! et revenons à cette belle compagnie qui se promène en habit d'or et en mante jonquille, sur cette perfide terrasse, occupée à regarder, le feu aux yeux, l'eau à la bouche, cette charrette de Tantale où se promenait le triomphal Eryngium au corsage de cette belle fille, à la lèvre de ce jeune homme ! O les deux myopes ! Eh ! grands dieux ! ils n'ont pas besoin d'y voir si bien, pour se bien voir !

CHAPITRE XI.

O JEUNESSE, O SAISON DONT TOUT M'OFFRE L'IMAGE.

Très-souvent la mauvaise fortune en amour dépend d'une imprudence, et la chose a cela de bon, que l'on se console facilement d'être malheureux, en songeant que du moins on a été imprudent. Le vrai malheur, c'est d'avoir commencé par être très-habile et très-adroit; c'est d'être parti un beau matin, à l'improviste, et sans rien dire à personne, et de se trouver surpris, en si beau chemin de contentement, par une avalanche de gueulées, bonnes tout au plus à amuser la canaille chez Nicolet. S'il n'eût fallu que traverser au petit trot, ce feu de file, et disparaître, l'instant d'après, au bout de l'avenue, et fouette cocher! nos jeunes gens en auraient pris leur parti bien vite; à tout prendre, un peu de honte est bientôt passé, dit le proverbe, et quand on est si heureux, on peut bien, en fin de compte, jeter son anneau à la mer. — Ils allaient donc tête baissée, et hâtant de leur mieux le petit cheval qui n'en pouvait mais! — Encore un instant, et l'obstacle est franchi, et cette maison funeste est dépassée; encore une centaine de pas, la montagne disparaît, la plaine se montre, et qui pourra les suivre, sera bien habile. — Mais ô malheur! ô misère inattendue!... et certes c'était bien le cas, ou jamais, de chanter le monologue de Glaucus dans le palais d'Apollon :

> Cruel destin, suspends ta rigueur!

A vingt pas du but, au dernier effort de la

montée, et tout contre le balcon en saillie où s'arrêtait, du côté de la route, la terrasse de Chenevierre, au moment où toutes ces femmes glapissantes et ces hommes ahuris qui couraient après le petit chariot, le manteau retroussé et la canne à la main, allaient renoncer à leur proie et l'abandonner à la libre campagne, il arriva que Cocotte, ahurie à son tour, par ces cris de paons amoureux et de crieurs de prestiges à la foire, fit un faux pas, et tomba sur les deux genoux. Peu s'en fallut que la charrette ne fût brisée; et quel grand cri de terreur et de pitié fit retentir, en ce moment, les échos d'alentour !

Cocotte était brave; elle se relève, elle part... et dans l'effort la sous-ventrière est brisée. Tel un vaisseau qui, poussé par un vent favorable, échappait aux pirates; hélas ! le vent tombe soudain, la voile inutile se plie et se replie autour du mât attristé, pendant que les forbans, redoublant de zèle et d'ardeur, arrivent au butin, le poignard aux dents, la rame en main.

Telle — à l'aspect de Cocotte abattue et relevée — et de nos deux amoureux fixés à ce sol ingrat, la foule de ces poursuivants, qui les poursuivait de ses cris et de ses transports, se précipite plus ardente et plus cruelle. En ce moment surtout se fit sentir l'influence de l'éryngium, qui est une herbe plus puissante que l'herbe cueillie sur le roc de Prométhée! — A la voir seulement, cette herbe de Mnémosyne, les mémoires les plus rebelles se souviennent, comme par enchantement, des vers, des poëmes, des images, des mélodies de leur jeunesse. C'est un des priviléges de cette fleur des campagnes de l'Attique, elle réveille surtout les souvenirs de la docte Athènes, les échos de la Rome athénienne, et enfin les murmures, les soupirs, les amours des belles journées de notre histoire. Ainsi ne vous étonnez pas de trouver, en ce chapitre de mon livre, et tout d'un coup, ces financiers, ces capitaines et ces grandes coquettes récitant, à qui les veut entendre, les passages les plus sonores et les plus tendres de la Muse antique; ainsi le veut l'éryngium.

Le petit chariot était arrêté, juste au bas du balcon où se terminait la terrasse, et à trente pieds du sol. Ce balcon représentait un angle arrondi qui dominait la plaine d'alentour. Louison était prise, en ce moment, comme une fauvette au trébuchet; aussi fallait-il la voir blottie et repliée sur elle-même, enveloppée à demi dans son mantelet brun, le tête baissée et sa belle main sur ses yeux, comme une fille endormie et qui obéit à un rêve funeste. Elle avait, en ce moment, dix âmes différentes : l'âme d'une belle fille indignée, l'âme d'une fille qui a peur, l'âme... d'une âme révoltée ! Elle ne comprenait pas, et vous savez, déesse à la belle ceinture, si je dis vrai, ce conseil de guerre de tant d'hommes et de tant de femmes sans pitié, dont le souffle haletant faisait envoler, comme une vaine poussière, toute la fleur de ce beau voyage. Elle ne comprenait pas ce malin esprit, ce bavardage, ce jeu de chat avec la souris, et que des gens, si bien élevés, s'amusassent du haut de ce balcon de marbre, à la façon des portefaix de la halle et des harengères du cimetière Saint-Jean.

— « Ah! se disait-elle, si j'osais me tenir debout et les regarder face à face, et leur montrer que je n'ai pas peur! Osons donc! » Oui, mais elle n'osait pas oser; elle ignorait encore la toute-puissance de ces talismans : beauté, jeunesse, amour! les trois fleurs dont se compose un vrai bouquet d'Eryngium.

En ce moment elle était seule, assise dans son char embourbé; Eugène et le charretier avaient mis pied à terre, et tâchaient d'ajuster la sous-ventrière. Eugène était justement dans l'ombre, sous la muraille en saillie; à peine si les dames penchées sur la terrasse, le pouvaient entrevoir, tout occupé de son travail, et vous pensez si les hommes qui sont toujours un peu timides, à cette distance respectueuse d'une belle fille vagabonde, redoublaient de métaphores chatouilleuses, et de ces mille sous-entendus improvisés en son honneur, sous la dictée du moment. — Il me semble entendre d'ici les chœurs grecs, introduits dans les chants italiques.

D'abord ils lui parlèrent en style familier : — Voulez-vous gager, madame, disait un de ces messieurs, un petit baiser, que je vous en donne une vingtaine ? — Un autre lui chantait ce petit rondeau qui se trouvait, en ce moment, sur toutes les belles toilettes du Marais :

> Je vous le donne
> Ce petit avis en secret :
> Si votre cœur n'est à personne,
> Et que mon cœur soit votre fait,
> Je vous le donne.

Et ces dames criaient au chanteur qu'il avait très-bien chanté. Un troisième arrivait à cette curée avec une chanson grivoise :

> Guillot est mon ami
> Quoique le monde en glose.

Un quatrième, attrapant Eugène au passage, lui glissait ce triolet :

> J'ai sur les bras une dame jolie
> A qui je veux faire franchir le pas ;
> Elle le veut et puis ne le veut pas.

Un grave président à mortier, de cette voix

qui rendait des sentences, qui sauvait la veuve et protégeait l'orphelin, récitait à Louison cet exorde amoureux :

> Le jeune amour, bien qu'il ait la façon
> D'un dieu qui n'est encor qu'à sa leçon,
> Fut de tout temps grand faiseur de miracles ;
> En gens coquets il change les Catons ;
> Par lui les sots deviennent des oracles,
> Par lui les loups deviennent des moutons.

Cette grosse voix qui sortait de cette perruque épaisse redoubla l'épouvante de la tremblante Louison. — « Hâtez-vous, disait-elle à voix basse, hâtez-vous, Eugène, mon ami, voici un mouton qui se change en loup pour vous dévorer. » A chaque tentative inutile pour forcer cette belle à lever la tête, et à montrer ses beaux yeux, redoublaient les ironies et les blasphèmes. Ce fut bientôt à qui dirait son mot dans ce tumulte, à qui décocherait son trait malin dans cette fuite. Les hommes disaient : « Hé, la belle ! » — Les dames, d'une voix discordante, appelaient le jeune monsieur. — « Eh ! jeune homme ! ne prenez pas tant de peine, on vous donnera un autre cheval. »

En ce moment l'*Eryngium* montait à toutes les têtes, et bien en prit aux deux pauvres voyageurs que la distance fût si haute—qui les séparait de la terrasse. Ainsi Orphée a été déchiré par les prêtresses de Bacchus. A la fin, cependant, un de ces messieurs, mieux avisé et plus discret que les autres, peut-être aussi pour mettre un terme à cette lutte inégale d'une pauvre fille déchaperonnée et seule contre tous, demanda qu'on le laissât parler seul, et qu'après lui chacun parlât à son tour. Ce jeune bachelier (il avait eu l'honneur de passer sa thèse en Sorbonne, la tête couverte, et des gants en ses mains, tout comme s'il eût été un prince de Rohan) avait l'honneur d'appartenir à M. de Choiseul par la princesse de Rebecque dont M. de Choiseul était l'amant, et à la poésie dramatique par mademoiselle Clairon, Frétillon-Clairon, qui avait tenu ce jeune monsieur sur les fonts baptismaux, et renoncé pour lui à Satan, à ses pompes, à ses œuvres. Naturellement ce beau Léandre était moins fier de sa tante la princesse, que de sa marraine la comédienne, qui lui avait fait faire ses études avec autant de soins que M. le duc de La Vauguyon, lorsqu'il suivait l'éducation de son fils le marquis de Saint-Megrin, avec autant de zèle que M. de Saint-Megrin, lorsqu'il entreprit l'éducation des enfants de France, dont il était le gouverneur.

Quoi d'étonnant? Il s'agit ici de la grande et de l'illustre Frétillon-Clairon, qui fut un instant l'idole de ce siècle bien appris, et qui savait rendre à César un peu plus même que ce qui était à César. Elle avait donc adopté ce jeune bachelier, et elle lui avait enseigné avec l'éloquence des salons, avec les gestes, les mines, et les belles manières du boudoir, l'immortalité de l'âme, choses à savoir; l'art de broder au tambour; et elle lui avait démontré par A+B qu'il fallait *croire en Dieu* et faire des armes avec le chevalier de Saint-Georges. C'était Minerve elle-même sous la figure de Clairon, cette Clairon! Heureuses les nations, heureux les siècles qui possèdent de pareilles comédiennes!

Ils n'ont pas besoin d'autre Égérie, ils n'ont qu'à s'abandonner à cette agréable morale, à cette facile pruderie qui s'exhale des doctes vapeurs de la comédie sur son trépied, et de la comédienne sur son piédestal. Cet aimable disciple de mademoiselle Clairon — la Clairon jouait, en ce moment, en un coin de l'Allemagne, le rôle des margraves femelles — s'appelait le vicomte de Tilly, et vous aviez, en effet, sous les yeux le vicomte le plus accompli et le plus parfumé de la cour. Il portait un habit digne des justaucorps à brevet de Marly; son dos était voûté, son nez était courbé, son œil était petit, peu clairvoyant, et ne voyant jamais que les grandes choses; sa joue était pâle, on en convient, mais un soupçon de rouge, on s'en doutait, chassait parfois cette pâleur des mangeurs de cumin, et le jeune homme, se mirant dans la glace, trouvait que son rouge allait bien. Le voilà tout craché : petit rabat, petite voix, petite tête et petits souliers.

Quand il eut imposé silence à son auditoire, le petit M. de Tilly, sautant légèrement sur le parapet de la terrasse, et dans l'attitude d'un demi-dieu qui se donne en spectacle : — O nymphe ! dit-il (ici l'*eryngium* se fait sentir, l'*eryngium* grec), nymphe à la chevelure brune et au col blanc, car, hélas ! je n'en vois pas davantage, pourquoi passer si vite, le long de nos domaines, et sans nous daigner honorer d'un regard ? Avez-vous peur, mignonne, des dragons, des hippocentaures et des tortues ailées de nos jardins, ou bien, tenez-vous tant à ce petit cousin du côté gauche, que vous ne puissiez pas en détacher vos yeux, un seul instant ? Entendez-nous cependant, ô nymphe de la Seine, qui boirez bientôt les eaux de la Marne, et laissez-vous fléchir par nos prières ! Entendez-nous : le peuplier d'Italie, au bord de la source amoureuse, ne rend pas un son plus doux que les chansons de nos bergères ; le frais zéphyr ne chante pas avec plus de grâce que la flûte de nos bergers. Au nom des nymphes et des astres propices, viens t'asseoir avec nous, bergère, sur ce siége champêtre, au milieu de ces arbres touffus où tu pourras défier le libyen Chromès, favori des muses. Viens! et si tes chants répondent à la modestie de cette exquise attitude qu'envierait Paros en ses marbres, on a pour toi des récompenses toutes prêtes : une chèvre mère de deux jumeaux, et, pour recueillir le lait superflu, une coupe en bois de lierre, fraîchement ciselée et luisante et profonde; elle est chargée au dehors des fruits de l'automne; au dedans elle est ornée des fleurs du printemps; sur le côté, l'artiste a représenté une bergère, belle comme toi; deux amants à la longue chevelure se proposent sa conquête, et lui adressent les madrigaux de l'âge d'or. Mais la belle, à la tête penchée, et montrant, comme toi, un petit bout d'oreille nacrée, écoute à peine la chanson que chantait Lisette; elle sourit à ce berger-ci, elle sourit à ce berger-là; elle n'est pas comme toi, fille légère de Daphnis, qu'un seul rustre a fixée.....

On te la donnera, cette coupe entourée de l'acanthe athénienne, le chef-d'œuvre de l'art éolien. Écoute nos chants bucoliques, ô nymphe des bois !

Il parlait comme on chante ; sa chanson était gracieuse ; il avait lu récemment, on le voyait bien, les œuvres de Gessner, publiées avec des vignettes chez Omfroy, libraire quai des Augustins, plus le portrait de Gessner, avec ce petit mot menteur : *Et in Arcadiâ ego.* Le fait est que ce bon Gessner ne s'est jamais douté de l'Arcadie, pas plus que son compatriote Guillaume Tell ne s'est inquiété d'Ajax, fils de Télamon.

La déclamation, une fois lancée sur l'idylle, devait faire un grand chemin, grâce à l'*eryngium* champêtre, — *eryngium silvestre.* Ces pauvres siècles qui se meurent sont pareils au malheureux qui succombe sous les feux ardents de la goutte, et qui, dans son délire, invoque en sanglotant, les grâces de son enfance et les amours de sa jeunesse. C'est votre tour alors, parmi les nations vaincues et désolées; nymphes du Pinde, rochers sourcilleux de l'Etna, flots inspirés du Pénée, entouré de vertes prairies ! Plus la fièvre et le désordre augmentent, plus la mort approche pour ce peuple épuisé, et plus retentit le chant bucolique... et voilà pourquoi, dans les poëmes, dans les romans, sur les trumeaux, sur les murailles, sur l'émail des bijoux, sur le brocart des fauteuils, sur la toile peinte et la laine des Gobelins, à l'heure dernière du roi Louis XV, tant de houlettes dorées, de moutons blancs, de colombes amoureuses, de lait écumant, de pâles amaryllis, tant de génisses, de pâturages, de bergères et de bergers.

Ce siècle, à bout de tout, ressemblait à ces vieillards studieux qui se plaisent à voir passer l'écolier turbulent, que tient par la main la belle déesse de la jeunesse; et si l'enfant, en passant à la portée du vieillard, vient à laisser tomber sa version, encore empreinte du myrte d'Anacréon ou du laurier de Pindare, soudain le vieux savant la ramasse et il l'épelle avec le ravissement d'un amoureux à son premier billet d'amour.

Les temps de Voltaire et de Diderot l'avaient oubliée depuis Racine, cette merveilleuse poésie éveillée au souffle divin de la flûte thébaine ; et pourtant, si grande encore était la toute-puissance des belles choses sur ces âmes frivoles, empreintes du vice des mœurs générales, qu'au premier son de la lyre rebelle s'arrête l'ironie à la lèvre de ces bergers en longues perruques, de ces bergères en vastes paniers. Chose étrange, aux premiers bruits de ces accords du luth mystérieux, l'écho de ces allées sablées, où la recherche et l'art se faisaient sentir même dans ce brin d'herbe oublié là, tout exprès, en signe de négligence, se sentit charmé de répéter les accents de Syracuse et de Mantoue. On vous salue, ô belle Aréthuse ! on vous reconnaît et l'on vous aime, ombre pure du Tymbrée ! Ces seigneurs et ces dames déposent sur vos rives célèbres, la couronne de lierre que rattache un ruban de pourpre. Venez à nous, déesse au front d'argent, et vous ses sœurs, les étoiles, accompagnez d'un pas silencieux le char tranquille de la nuit.

Elle-même, ô triomphe! Louison-Louisette, soudain rafraîchie et rassurée par le doux murmure des abeilles de l'Attique elle relève un front où resplendissent en traits de feu, la victoire et l'espérance, et chacun put savoir enfin quelle était cette beauté merveilleuse et digne des consuls. Elle était, tout à l'heure encore, semblable à Briséis, lorsque le roi des rois la fait emmener par ses gardes, et la voilà maintenant pareille à la fière Penthésilée, qui fut tuée de la main d'Achille. Elle avait un si grand air d'autorité et d'empire, mêlé de sagesse et d'esprit; elle réunissait si complétement, dans cette fière attitude, la grâce de la personne à la grâce de l'action, que les yeux les plus difficiles la proclamèrent une reine! *Venus-Victrix!* — C'est la ceinture de Claudia, disaient les savants — et sa main est bien digne de dénouer sa ceinture, ajoutaient les frivoles. Elle souriait, fière de sa victoire et du joug qu'elle imposait à ces rebelles. Vue ainsi, à travers son sourire encore humide, Vénus l'eût prise pour Adonis, l'Amour l'eût prise pour sa mère. Elle tenait à la main un chardon en fleur qu'elle avait cueilli sur la muraille, et qui tremblait au souffle léger de cette lèvre entr'ouverte. Ah! croyez-moi, ce fut là un moment terrible et décisif pour cette belle; elle apprit, en un clin d'œil, sa toute-puissance. Elle apprit le triomphe; elle apprit que son regard était irrésistible; elle apprit que sa beauté était une force, une défense, une protection, un rempart.

Si bien que l'innocente était devenue à l'instant même une coquette, et la coquette une guerrière; et soudain, quand la terrasse de Chenevierre fut illuminée des clartés imprévues de ce beau visage, embelli par la louange, éclairé de tous les feux de la poésie érotique, pétillant d'angoisses et de plaisir, voici que l'évocation athénienne reprit de plus belle, à commencer par les *Troyennes* d'Homère, à finir par les *Troyennes* de M. de Chateaubrun, premier maître d'hôtel de M. le duc d'Orléans.

On vit donc apparaître, en foule, et dans la confusion de ces voix enivrées de l'eryngium antique, les dieux et les déesses de la mythologie des campagnes : les nymphes errantes, les faunes joufflus et les satyres à la jambe grêle; l'élégante Cléaris, le beau Cratidas, et le dieu Pan donnant la vie aux roseaux... tous les plaisirs et toutes les fleurs des campagnes de Cérès : le lis mêlé à la rose, la sarriette à l'asphodèle pendant que le vieux Bacchus rafraîchit son urne brûlante dans les neiges du Caucase ou du mont Hoemus. — Prêtez l'oreille à ces bruits de l'été : la cigale chante dans les moissons, la chouette gémit dans les épines, la tourterelle, le chardonneret et l'alouette huppée célèbrent ces belles journées. La déesse qui tient dans ses mains les gerbes de blé et la fleur des pavots, nous écoute et sourit à nos chansons.

Or, voici une de ces chansons qui se chantaient en l'honneur de Louison :

« Quand elle se montre aux yeux éblouis, ma jeune maîtresse, ah! Jupiter, roi des dieux et des hommes, et vous déesses de l'Olympe ;

« Aussitôt sourit le printemps; le pré reverdit, ma brebis devient féconde, et le chêne qui se perd dans la nue et le phoque au fond des eaux proclament la beauté de ma bergère !

« Je te salue et je t'aime, nymphe aux sourcils arqués, mon Argienne à la chevelure de Bérénice, ma Tyndaris aux yeux noirs ! »

Ce fut ainsi que, peu à peu, l'harmonie se rétablit entre la montée et la terrasse; on s'apaisait de part et d'autre; le beau sourire de Louison lui avait gagné tous les suffrages. Louison, de son côté, se sentant louée et applaudie, recevait gaîment tous ces hommages, pareille à la fille de Tyndare, le front couronné d'hyacinthes, dans le palais du blond Ménélas.

En ce moment, cette belle heureuse était si complétement armée des grâces de son bel âge et de sa figure, elle contemplait d'en bas ce monde de la toute-puissance et de la fortune, d'un regard si merveilleusement insolent et timide, tant de liberté décente se montrait dans son sourire, et tant d'assurance dans son maintien, que d'une voix unanime elle fut saluée la reine de ces campagnes éblouies. Et maintenant que le dommage était réparé, que le cheval était prêt à partir, et la belle fille prête à disparaître, voilà ces cordons bleus, ces cordons rouges, ces toisons d'or, ces colliers à trois rangs, ces falbalas à triple étage qui lui disaient : Adieu, Thémire; Iris, adieu! — Adieu, beauté, disaient les hommes; adieu, jeunesse, disaient les dames!..... Adieu, adieu, disait l'écho, sur l'air : *La belle Églé m'est ravie!* Mais, ô douleur nouvelle et imprévue! la courroie, à peine rétablie, se brise de plus belle et Cocotte, lancée au galop, s'arrête, un pied en l'air; toute la besogne est à refaire, et voilà ce pauvre Eugène qui se remet à l'œuvre. Hélas ! il se croyait déjà quitte avec ces cris, ces menaces, ces promesses, ces élégies et ces chansons.

Ce nouveau contre-temps augmenta le feu et la sympathie ; les seigneurs applaudissaient comme des écoliers en vacances, les femmes riaient d'un franc rire d'admiration et de bonne humeur. Louison avait un œil gai, l'autre non ; elle eût voulu pleurer, elle eût voulu rire ; elle avait pitié d'Eugène, et pourtant elle n'était pas fâchée de prolonger la louange de ces adieux ; cette courroie, on peut le dire, avait cassé de nouveau, juste à temps pour que cette paix, si bien commencée entre ces jeunes gens et cette belle, devînt une paix durable. C'est pourquoi on vit dame Louison s'asseoir sur le banc de son char triomphal, et, les mains croisées l'une sur l'autre, attendre complaisamment qu'il plût à ses deux conducteurs de se remettre en chemin. De ses beaux yeux levés là-haut sortaient innocemment de vives étincelles d'intelligence, de feu et d'esprit : Vénus armée, et qui jouait, certes, un plus beau jeu que ces galants seigneurs.

L'idée alors vint à l'un d'eux, au plus jeune, à celui qui avait encore un pied dans le jardin des racines grecques, de ne pas laisser disparaître la belle voyageuse sans qu'elle emportât un souvenir de son passage à travers les ronces et les roses de Chenevierre; aussitôt l'idée, aussitôt l'action : notre écolier jette à Louison sa croix de chevalier de Malte, que lui avait attachée, le matin même, son oncle le commandeur, en lui faisant jurer, en latin des capucins, les vœux d'humilité, de chasteté, de continence, et le renoncement aux sept péchés capitaux, *et specialiter peccatum luxuriæ*. — « Ah ! disait le nouveau néophyte, le bon billet qu'a mon oncle ! Recevez cependant, madame, et ma croix et mon cœur. » La croix tomba dans le giron de Louison; à l'instant même, et comme si tant de rares et magnifiques présents n'eussent attendu qu'un signal, vous eussiez vu la petite charrette encombrée de ces magnificences. C'étaient des merveilles, c'étaient des folies qui tombaient, dru comme grêle, sur ces beaux bras, sur ce beau sein, et jusque dans le fichu de la belle voyageuse, occupée à se défendre. On lui jetait des bonbons, des baisers et des roses; on lui jetait des guirlandes et des couronnes. Elle eut soudain des billets doux, ses poches pleines; — billets doux écrits de la veille, et la demande et la réponse; ils ne lui étaient pas adressés, mais à quoi bon. Prenez, prenez toujours! Prenez pour vous toutes ces fleurettes, la belle enfant; il y a toujours quelque chose à glaner dans ces récoltes du printemps.

O Louison! quelle fête! et la baguette des fées en a-t-elle jamais inventé une pareille? — Une femme lui jeta son mouchoir brodé à ses armes; une autre son éventail à son chiffre; une autre sa cassolette en forme de cœur; une autre un flacon en or guilloché, c'est-à-dire une part de son âme. Tel homme se défit pour elle d'une épingle et de ses boutons de manche en rubis ; tel autre de sa boutonnière en cristal, ou de son camée à l'effigie de César ! — Elle eut des chaînes de Venise, des agates, des onyx, des émeraudes et toutes ces fanfreluches que vendait si cher le juif Mardochée, établi dans la rue aux Ours. La baronne de Chalus avait à son bras un bracelet de grand prix. Le baron de Chalus défit le bijou. — « Voici, dit-il, mademoiselle, ce que ma femme vous envoie. » Elle-même, la sèche madame Marchais, qui était pourtant une personne considérable, la propre femme d'un valet de chambre ordinaire du roi, ôtant d'une main empressée son écharpe (eh ! disons tout, l'écharpe avait été portée un instant par la maîtresse régnante, elle avait gardé quelque peu de son parfum) la jetait à Louison avec un beau geste appris à la cour : — « Soyez belle, ma mie, et soyez sage ! » disait la dame, comme s'il était permis d'avoir à la fois tant d'exigences. On admira beaucoup ce beau trait de madame Marchais, Zoé Marchais !

Il est vrai, ô Zoé, que depuis une heure vous cherchiez une occasion de montrer au jeune colonel ce signe noir, ou plutôt ce diamant noir, sur votre blanche épaule, l'irristible plénipotentiaire et *l'ultima ratio* de vos conquêtes assassines. Plaise à Dieu que vous ne vous soyez pas dépouillée en pure perte, ô belle Marchais !

La triomphante Louison recevait ces belles choses comme le vainqueur les contributions d'une cité vaincue ; elle acceptait, quoi de plus simple, en signe de joyeux avénement, le tribut légitime de sa beauté.

CHAPITRE XII.

LA GAGEURE IMPRÉVUE.

Pendant que l'étoile de Louison, obscurcie un instant par les passions mauvaises, monte et resplendit aux sommets du ciel, au-dessus même de Vénus-Uranie, le château de Chenevierre est jaloux de la terrasse, il s'impatiente, il se demande à quoi peuvent s'attarder ses hôtes d'un jour? L'heure, en effet, des heureux et des riches, la belle heure de ces journées à la campagne, l'heure du dîner, avait sonné depuis vingt minutes, à l'horloge du château; la cloche impatiente appelait, vain appel ! les convives rebelles à sa voix claire et affamée, et le maître d'hôtel, en grand costume : abdomen proéminent, perruque poudrée à frimas, moustache épaisse, le bouquet à la poitrine, la baguette d'ébène à la main, attendait, en maugréant, sur le seuil abandonné, le bon plaisir de son maître. Quelle mouche les pique, ou bien quelle ambition les retarde? Tout est prêt, le dîner, le service, le dessert. Les cuisines sont en feu, le vin est à la glace; à deux battants sont ouverts les dressoirs, on n'attend plus que l'ordre de servir ; Lucullus, aujourd'hui, dîne chez Lucullus, dans le salon d'Apollon.

Cette table et ses dressoirs étaient chargés de tout l'argent qu'avaient pu fabriquer, en deux années, Auguste et l'Empereur, orfévres du roi, ce qui avait donné lieu à un bon mot de M. de Chenevierre; il disait souvent que son argenterie lui venait de l'empereur Auguste.

Argent massif, — la matière, à coup sûr, l'emportait sur la forme, — argent à vendre; on y voit, pour tout ornement, le chiffre du maître surmonté de sa triple couronne, et aux couvercles un hérisson, en souvenir du porc-épic de Louis XI qui était, par les femmes (nous l'avons déjà dit) de l'ascendance de madame de Chenevierre. Un hérisson passant, brisé et lampassé de pointes d'argent décorait ces soupières d'argent; un hérisson en relief d'argent s'étalait au milieu de ces assiettes d'argent; les plats étaient d'argent; les saucières d'argent reposaient sur des plateaux d'argent; la glace pilée remplissait des seaux d'argent; le feu brûlait dans des réchauds d'argent; aux quatre coins de la table on voyait quatre orangers d'argent, chargés d'oranges d'argent, dans quatre caisses d'argent. Autour du hérisson se lisait cette devise : *Immanis*, en souvenir du porc-épic royal qui portait : *Cominus et eminus;* d'*eminus* on avait fait *immanis*, c'est-à-dire *sans pitié*. C'était une mine d'argent cette salle à manger du château de Chenevierre. Les manches des couteaux étaient d'argent, les coupes étaient d'argent, la porcelaine était d'argent, le grès de Flandre d'argent, le lustre en argent, la théière en argent, les tasses en argent, ah! que d'argent, eh! que d'argent, heu! que d'argent! hélas! que d'argent!

Dans cet argent se mirait le maître-d'hôtel, et sa grave mine, en ce miroir oblongé s'allongeait d'une façon grotesque. Il songeait, ce bon homme, que les révolutions n'étaient pas loin, puisqu'on faisait attendre son dîner. Un turbot de Dieppe, des faisans de Fontainebleau, des perdrix du bois de Boulogne. — Ils sont fous! murmurait le bon homme; il avait peine à maîtriser son indignation, et à refouler les colères dans son cœur.

C'est que vraiment personne ne songeait encore au dîner. Tous les esprits et toutes les âmes s'étaient envolés du côté de Louison. Même les hommes les plus considérables et les plus sages, même les amoureux qui étaient amoureux autre part, même les âmes les mieux revenues du monde et de ses vanités, avaient fini par s'éprendre d'une belle curiosité et d'un vif intérêt pour cette demoiselle errante, et chacun prenait part à la fête, y compris le beau capitaine écossais et mademoiselle de Rupelmonde. A la fin même on vit se mêler à ces poursuites, M. le duc de Bellegarde lui-même, un officier de la majesté du roi, un de ces gentilshommes considérables par leur nom, par leur charge et par la familiarité du prince, un de ces seigneurs que l'on appelait d'ordinaire, les *vieux seigneurs*, et dont chacun s'entretenait avec respect, même en dehors de la cour.

Ce vieux seigneur, qui était l'oncle tout au moins, et parfois le père d'une vingtaine de jeunes gens des meilleures et des plus illustres maisons du royaume, avait toute sa vie, et dès le jeune âge, mené de front, le plaisir et les affaires, l'ambition et la guerre, l'insolence et le bon goût, les vices choisis du galant homme et ses vertus, était un des plus vaillants soldats et l'un des plus habiles conseillers du roi son maître; il unissait à de grands titres une grande faveur, à de gros biens beaucoup d'heureuses et vigoureuses années. Il avait l'esprit, il avait le tact; il savait commander, il savait plaire. Il appartenait à ces hommes de l'ancienne roche, qui eussent mieux aimé se pendre à quelque vieux chêne, que de s'envieillir doucement dans la société endormie de ces gens d'âge et d'esprit, vicieux et malingres, que leur vieillesse et leur mauvais estomac réduisent à néant. Il était aussi fier d'être vigoureux et bien portant, que d'être un grand seigneur. Il aimait la vie, et il la cultivait avec autant de respect que si c'eût été la gloire; il s'estimait aussi heureux de se faire aimer d'une belle que de se faire obéir de son roi. Toutefois s'il avait le goût des plaisirs, il les aimait en honnête homme; si parfois il s'attaquait à la vertu, il l'attaquat avec les armes permises; il donnait assez volontiers un croc-enjambe à la morale, il se serait cru deshonoré s'il lui eût tordu le cou.

Le hasard, plus que sa volonté, avait arrêté M. de Bellegarde au château de Chenevierre. Madame Zoé Marchais lui avait demandé la faveur et l'honneur de sa compagnie, et il n'avait pas voulu désobliger une dame si bien posée dans les petits recoins de la cour, où l'on peut rendre plus de bons et de meilleurs services que dans les grands appartements. M. de Bellegarde avait donc accepté l'invitation du seigneur de céans, et sans se mêler à ces jeux, à ces folies, il s'était tenu à l'écart, au bout de la terrasse, assis sur un banc, et il lisait dans Rabelais : *Comment étaient réglés les Thelemites en leur manière de vivre.* « Toute leur
« vie était employée selon leur vouloir et
« franc arbitre. Ils se levaient du lit quand
« bon leur semblait; buvaient, mangeaient,
« dormaient quand le désir leur en venait.
« Nul ne les éveillait, nul ne les forçait ni à
« boire, ni à manger, ni à faire autre chose

« quelconque ; leur règle n'était que cette
« clause :

Fais ce que voudras!

« parce que, gens libres, bien nés, bien in-
« struits, et conversant en compagnies honnê-
« tes, ont par nature un instinct, un aiguillon
« qui toujours les pousse à se faire vertueux ;
« ou si quelqu'un ou quelqu'une disait : Bu-
« vons ; tous buvaient ; s'il disait : Jouons,
« tous jouaient : Allons à l'ébat des champs,
« y allaient. Il n'était entre eux celui ni celle
« qui ne sût lire, écrire, chanter, jouer d'instru-
« ments harmonieux. Jamais ne furent cheva-
« liers tant preux et tant galants ; jamais ne
« furent dames tant propres et tant mignonnes,
« moins fâcheuses et plus mignonnement en-
« gantelées. »

Le duc de Bellegarde en était là de sa lecture,
lorsqu'il vit revenir cette foule confuse qui remontait la terrasse avec ces grands cris et ces
huées de tout à l'heure. — Ah! ah! se dit-il,
voilà mon abbaye de Thélème qui se dérange,

et madame Zoé Marchais qui montre ses épaules à qui veut les voir. Alors il s'approcha du balcon, et de là il put suivre, à son aise, ce petit drame aux accidents si divers, cette églogue à la Fontenelle, où les bergers passant d'un extrême à l'autre, commencent par échanger flûtes et houlettes, pour finir par jouer du bâton, à moins qu'ils ne commencent, comme ici même, par s'accabler d'injures pour arriver, par une transition habile, à chanter des odes à la louange de leurs grâces, de leur innocence, de leurs douces, limpides et modestes vertus.

Personne plus que M. de Bellegarde ne se connaissait mieux en vraie et sincère beauté ; aussi fut-il frappé tout d'abord de celle qu'il avait sous les yeux, puis quand il vit cette belle personne exposée en tout son jour, si calme dans ce torrent de saillies, si calme encore dans ce brusque passage des injures à l'admiration et à la louange, il sentit que son vieux cœur ne demandait qu'à s'éprendre ; lui aussi il voulut chanter, de sa voix paternelle et de sa tête amoureuse ; sa petite chanson à Louison.

« Mademoiselle, dit-il d'une voix nette, claire et bien timbrée, et cependant d'un ton si juste qu'il ne fut guère entendu que par la belle à qui il parlait... oui, mademoiselle, c'est moi qui vous parle, moi, le duc de Bellegarde, officier général des armées du roi. Certes, on n'a pas le droit de vous demander où vous allez, ma belle enfant, mais il n'y a pas dans toute la belle société que voici une fille de quinze ans qui ne vous le dise, si elle veut être franche avec vous : vous allez à votre ruine, vous allez à votre perte, dupe de la surprise de vos sens et de votre cœur. Encore si vous suiviez ce qu'on appelle un galant homme, un homme qui vous protége et qui vous défende, et qui puisse changer de cheval à volonté, le jour où il enlève sa maîtresse, vraiment, je ne vous chercherais pas de grandes chicanes ; je dirais : au petit bonheur, et voilà un gaillard qui me paraît né sous une étoile heureuse ! Oui, mais un godelureau, un innocent, un niais qui depuis une heure n'a pas su rattacher un morceau de cuir par un bout de ficelle, un rien du tout et un rien qui vaille de chevalier errant, s'emparer d'une beauté qui serait adorée, des grands appartements, au Grand Trianon, voilà ce qui me blesse, et ce qui m'irrite; vraiment, le proverbe a raison : Un bon os ne viendrait jamais à un bon chien; il faut qu'un morveux m'enlève à moi cette belle trouvaille, il faut que ce beau fruit, arrivé à sa perfection, tombe dans la main de ce rustre qui croira l'avoir cueilli ! Voyons, est-ce que vous tenez si fort à votre conquête? est-ce que vous seriez désolée outre mesure, si je priais votre camarade de prendre un bel engagement dans le régiment des gardes françaises, où j'aurais soin que rien ne manquât à sa fortune? — De bonne foi, êtes-vous créée et mise au monde pour passer votre vie entre les dindons et les canards de quelque ferme, au milieu de ces plaines monotones? — Quel âge avez-vous? Deux lustres, je parie... un an ou deux par-dessus ces deux lustres, tout au plus, et si jeune, vous voilà partie et sans espoir de retour. Ah! mademoiselle, écoutez-moi, écoutez un homme sage qui vous trouve la plus belle du monde. La rose est belle, et n'a qu'un jour; le lis, roi ce matin, est abattu le soir. Il faut vivre et régner quand on est faite comme vous. Dites un mot et je vous enlève; un signe de tête et je vous délivre, et demain, ô reine! vous serez l'ornement de la cour. »

Ainsi il parlait, penché vers la fille de Lyncée lorsqu'elle abandonna son père pour suivre, en compagnie de sa sœur, les deux frères d'Hélène, infidèles aux lois hospitalières. Malheureusement, le vaillant capitaine avait passé depuis longtemps le bel âge des jeunes amours; imprudent, on eût dit qu'il prenait plaisir à montrer sa tête chauve, et sa main chargée de veines soufflées, — et puis, lutter à cet âge, contre la tête bouclée du jeune homme, semblable à un jeune chat à qui l'oreille démange, par un temps d'orage; sourire à cette fille qui sourit elle-même à ce beau visage, animé de dépit et de plaisir, jeunesse digne d'un prince de la maison de Bourbon; enfin, comment répondre, sans se fâcher, à ce petit vaudeville goguenard, que le jeune homme sifflait tout bas, plus rapide et plus joyeux, à mesure que s'achevait cette œuvre de délivrance? Autant de problèmes! Vingt ans! — avocat plus irrésistible que ne furent jamais Cicéron, Démosthènes et Diderot, — parlaient en faveur de l'enfant contre le vieillard, en faveur du pauvre clerc contre le seigneur opulent, en faveur de la ferme perdue au fond des bois, contre le Versailles royal. La fortune était là-haut, l'amour était ici; Louison resta ici, et, d'une voix épouvantée: — Hâtez-vous, disait-elle, hâtez-vous! Eugène, voici un lieutenant général des armées du roi qui veut faire de toi un fifre ou un timbalier de son armée, et de moi la maîtresse de son cœur.

Tout ce que je vous dis là allait beaucoup plus vite que je n'ai l'honneur de vous le dire.

C'est un outil qui ne va guère, la plume, en toutes les occasions où il faut marcher vite. Elle cherche ses mots et ses couleurs ; elle s'occupe de la forme, de l'aspect, et du son même des paroles ; elle a ses caprices comme une femme de théâtre a ses vapeurs ; tantôt elle franchit, à vol d'oiseau, des montagnes, et tantôt un fétu va l'arrêter court, comme s'il s'agissait de gravir les Cordillières. On n'en fait pas ce qu'on veut, croyez-le bien, et quand tout à l'heure je pleurais l'absence de Tony Johannot, j'avais parfaitement le droit de le pleurer.

Pendant que M. de Bellegarde accaparait la jeune fille, les dames en étaient revenues à agacer le beau jeune homme ; on eût dit, à les voir, vêtues de satin blanc, de satin bleu, de satin jaune, les Grâces de Boucher qui sollicitent la pomme du beau Pâris ; mais le berger ne voyait que sa bergère ; il comprenait que la position tournait au péril, et, comme il n'avait pas à son service les ailes de Persée, il prit bravement son parti.

Cette lanière brisée était trop courte d'un demi-doigt, d'une ligne, d'un point. Que fit Eugène? Il prit la lanière à belles dents pour l'allonger, et ces dames, ces douillettes, ces chatouilleuses, voyant ces trente-deux dents d'un frais émail employées à ce bel usage, poussèrent un cri plus pitoyable, oui, certes, que si le jeune homme se fût agenouillé, pour être fusillé sous les yeux de ces petites maîtresses. Songez-y, en effet, trente-deux dents sous des lèvres de dix-huit ans ! Il y avait de quoi frémir.

Mais, on l'a dit, le ciel est aux violents qui le ravissent. Soumis à cette dernière épreuve, le cuir rebelle obéit enfin, et l'ardillon de la boucle entra net, dans le trou qui devait le fixer. Grâces te soient rendues, ô dieu d'amour ! Voici que notre char marche et se met en route, aussi léger, aussi heureux que ton char, traîné par des colombes ailées, heureuse Vénus, fille chérie de Jupiter.

Les voilà donc partis ; Eugène, la tête tournée du côté de la terrasse, muette de surprise, laissait lire sa gloire et son bonheur dans ses yeux; Louison, immobile encore, semblait regarder uniquement les beaux présents dont elle était comblée. M. de Bellegarde interdit les suivit du regard, et, comme le maître de céans, M. de Chenevierre, semblait rire de sa peine :

— Ah ! dit-il, c'est un oiseau que cette fille-là; elle s'en va avec les jeunes chasseurs, et nous ne sommes plus au temps, nous autres, où nous tirions au vol.

— Monsieur, répondit un gentilhomme de la chambre, qui avait été page du roi Louis XIV, nous avons vécu, laissons-les vivre. Et, comme M. de Chenevierre riait de plus belle, M. de Bellegarde, impatienté de ce gros rire, et en homme qui possédait au suprême degré le don des politesses insultantes : — « Pardieu, dit-il, il nous paraît que Mons de Chenevierre nous fait l'honneur de s'occuper de nous ! Cette belle s'en va sans nous saluer, et ça fait rire monsieur le plaisant...» En effet, le duc de Bellegarde pouvait suivre d'un œil attristé, ce maudit petit cheval qui commençait à prendre le galop.

Ici le Chenevierre eut une malheureuse envie; il suivait, lui aussi, d'un œil de chafouin, la petite charrette qui allait disparaître, et il songea à regagner sa dépense, par un coup hardi.

— Monseigneur, dit-il à M. de Bellegarde, je parie, cent contre cinquante, s'il vous plaît, que cette fille ne se retourne pas!

— Tope à Crésus, répondit M. de Bellegarde, je parie dix mille pistoles contre vingt mille, et mon diamant contre le vôtre, monsieur le fournisseur..... La voiture allait toujours.

Il y eut ici un vif mouvement d'angoisse et de silence sur la terrasse de Chenevierre. Tous ces yeux et toutes ces âmes étaient tendus dans la perspective, et déjà M. de Chenevierre se voyait dix mille pistoles dans sa poche, et deux diamants à son doigt.

Louison était restée immobile comme au

départ ; elle était dans l'attitude d'une fille qui songe ; encore un tour de roue, et M. le duc de Bellegarde a perdu son pari !

— Mais le grand seigneur en savait plus long que le financier, dans ces mystères que recèle le cœur d'une femme. En effet, à la dernière minute, — à l'instant même où la route va changer, — Louison se retourne, elle se lève, et debout, dans l'attitude de Corinne à Misène, on la vit agiter au-dessus de sa tête brillante, le mouchoir brodé des marquises, et quelle main, cette main qui agitait le mouchoir !

— Chère enfant, ah ! chère enfant ! s'écria le vieux capitaine, ivre de joie et d'orgueil, j'ai parié ta dot et je l'ai gagnée.

— J'ai perdu, monseigneur, murmura M. de Chenevierre en s'inclinant.

— Allons dîner, s'écrièrent les convives.

— Le dîner est froid... tant pis pour eux ; se disait Ostentation, le majordome, en son par-dedans.

CHAPITRE XIII

LE CHEMIN CREUX.

A la fin, voilà nos amoureux délivrés de l'enchantement et des enchanteurs; les voilà libres, en pleine campagne, en pleine Brie, et loin de ce fatal château. Louison était rêveuse; elle repassait, en elle-même, tant de choses nouvelles qu'elle avait vues et entendues, et elle cherchait à se retrouver dans ce pêle-mêle d'émotions si diverses. Eugène était loin du rêve, il chantait; il chantait une chanson de sa seigneurie M. le duc de Nivernais :

> Pour jamais à ma Thémire
> J'ai donné mon cœur;
> C'est pour moi qu'elle soupire,
> Je suis son vainqueur.
> Tous nos bergers veulent vivre
> Pour suivre
> Sa loi.
> C'est à moi, c'est à moi,
> Qu'elle a donné sa foi !
>
> L'autre jour sur la fougère,
> Le beau Licidas
> Vint parler à ma bergère
> Qui n'écouta pas.
> Elle méprise en son âme
> La flamme
> D'un roi.
> C'est à moi, c'est à moi,
> Qu'elle a donné sa foi !
>
> S'il était une déesse
> Brillante d'appas,
> Qui vint m'offrir sa tendresse
> Je n'en voudrais pas.
> C'est à ton cœur où j'aspire,
> Thémire;
> Et moi
> C'est à toi, c'est à toi,
> Que j'ai donné ma foi !

Ce dernier couplet fut chanté d'une voix tendre, et les deux premiers d'un accent triomphal. Il obtint à peine un sourire de Louison;

pauvre Eugène! on ne l'écoutait pas, on ne l'entendait plus; on s'enivrait des langueurs et des silences de ce beau soir qui descendait sur ces plaines, mêlées de bois et de moissons. Déjà la lune au front d'argent, jalouse des derniers reflets de cet ardent soleil, montait, d'un pas calme et silencieux sur ces hauteurs colorées de toutes les flammes expirantes, à travers ces clairs nuages qui s'exhalent de la terre, à la fin d'un beau jour. C'était doux et charmant, cette lutte attendrie de l'ombre naissante, et de la lumière à son déclin; chaque rayon de ces clartés décroissantes s'étendait en longues traces lumineuses, sur l'azur immense et profond, semblable à l'Océan au repos. Cependant, autour de leur reine, éveillée avant l'heure, ces groupes d'astres brillants, qui sont la parure variée et ravissante dont Dieu lui-même a voulu relever la beauté de son œuvre, se disposaient en bel ordre, au milieu de cette atmosphère qui n'est jamais inactive ou vide, à servir de cortége à l'astre des nuits. Et voilà soudain toutes ces constellations victorieuses du jour épuisé, qui déchirent tous les voiles, qui brisent tous les obstacles et qui se révèlent dans leur plus vif éclat, à ces yeux éblouis, qui les contemplent pour la première fois ! — Que c'est beau, le ciel ! qu'ils sont brillants ces grands astres, répandus çà et là par une main divine, chacun d'eux accomplissant son œuvre éternelle. Regarde, Eugène, voici mon étoile ! Elle m'éclaire, elle me protége, elle m'anime de son souffle ! — Eugène, à ces mots, saluait l'étoile de Louison..... Nuit propice et toute semblable à ces nuits limpides, par lesquelles Fontenelle voyageait dans les cieux.

Comme ils étaient à contempler en silence ces milliers d'étoiles brillantes, que le savant abbé de la Caille était en train de chercher à l'autre bout du monde, enivrés qu'ils étaient des parfums d'ici-bas, et des harmonies de là-haut, il s'aperçurent, à peine, qu'après une course de quatre heures, s'arrêtait le chariot qui les avait portés jusque-là. Ils étaient arrivés, ou peu s'en faut, à leur but, et cependant ils hésitaient à descendre; ils se trouvaient si bien de ce mouvement silencieux ! Mais l'Automédon du petit chariot avait hâte de rentrer sous son toit; il habitait, à deux lieues de là, un petit hameau de peu de ressource, humble était la maison, accariâtre la ménagère..... Mauvaise auberge pour les amoureux. Il fallait donc se séparer ici, à ce sentier caché dans la feuillée et qui mène, on le dirait, au labyrinthe des fées. — Mes enfants, leur dit ce brave homme, je voudrais être garçon, aussi bien que je suis marié, et je vous donnerais un asile, car il se fait tard, et vous avez une bonne traite d'ici à Fontenay. Cependant le ciel est clair, le vent est doux, le chemin facile, et si vous osez couper à travers champs, et marcher droit devant vous, comme si vous suiviez des chemins frayés, vous arriverez au gîte avant minuit. Ainsi donc en route, en route, et retenez bien ce que je vous dis ici :

« Vous prenez cette sente, et vous allez hardiment, tant que dure le petit chemin creux, à travers les pommiers. Ceci est la lisière d'une longue plaine qu'il vous faut traverser, et ne craignez pas de réveiller la perdrix endormie et l'alouette blottie dans les blés. Quand vous aurez marché, comme qui dirait trois quarts d'heure, et c'est peu de travail pour ces bonnes jambes-là, vous trouverez une route en mauvais état qui se perd, des deux côtés, dans les bois. Tournez la route à gauche (une croix de pierre indique ce passage), au bout du pavé prenez la luzerne à votre droite; encore dix pas et vous voilà dans la première avenue. Au bout de l'avenue, on trouve les fossés, et derrière les fossés voici Fontenay. Certes, vous ne pouvez pas vous tromper. »

Certes, ces renseignements étaient exacts, mais compliqués, et méritaient qu'on y fît grande attention. L'attention d'Eugène n'était pas là en ce moment; il était tout entier au bonheur de se retrouver seul avec sa maîtresse, il n'avait qu'un souci, en ce moment, c'est que la terre lui manquât, et que le ciel tombât sur sa tête. Louison, prudente et plus sage, écouta beaucoup mieux les renseignements du guide qui les quittait ; elle se les fit répéter, et elle-même, elle voulut redire sa leçon, afin de prouver qu'elle l'avait bien comprise. « Vous dites donc, mon ami, qu'il faut passer par ici, aller tout droit par là, traverser la route et tourner à gauche ? » et de sa belle main elle désignait l'espace, et d'un signe de tête le paysan indiquait à Louison, qu'elle était digne en effet de tenir, en ses mains, les clés du paradis — que disons-nous ? la clef des champs.

Elle prit congé du paysan, à son tour, non pas sans le payer d'un bel écu de Dieu, et d'un beau sourire de femme heureuse ; le digne homme pensa, en lui-même, qu'il était payé royalement.

Bientôt disparut le char rustique, et restés seuls sur le bord du chemin, abandonnés à leur instinct, Eugène sentait faiblir sa résolution,

Louison sentit tomber son courage; il est vrai que le sentier semblait plonger dans l'abîme. Figurez-vous un passage quasi-souterrain, à travers cette terre grasse et fertile; de chaque côté de ce chemin creux avaient poussé des plantes, des arbustes, des lichens dans une confusion désordonnée, à laquelle la nuit tombée ajoutait son désordre et ses ténèbres. C'était l'inconnu, ce sentier sombre, entre ces ronces et ces épines, et je vois d'ici nos deux enfants qui se rappellent ces rudes histoires d'assassins et de bandits qui remplissaient le livre des causes célèbres, composé par des avocats sans cause. — Si par hasard, juste ciel! Cartouche n'était pas mort?

Mais il fallait en finir; mademoiselle Louison prit son parti en brave homme, et, d'un pas résolu, elle s'enfonça, la première, dans cet abîme de verdure, bien décidée à maintenir son droit de passage. Eugène suivit hardiment, portant au bout de son épée le panier rempli des nippes de son amoureuse, et de toutes les belles choses que lui avaient jetées ces messieurs et ces dames de la terrasse. Elle non plus que lui, ne songeait à ces merveilles; il ne s'en doutait pas, elle les avait oubliées; elle était naturellement fière et dédaigneuse, et elle avait reçu ces riches présents du même air qu'elle les eût donnés.... « Il n'y a que les mendiants qui comptent leur argent! » dit Juliette à Roméo.

Ils marchaient en silence, à l'aventure, à l'aveuglette, à chaque pas arrêtés par les branches qui frôlaient leurs cheveux, par les racines qui s'entortillaient à leurs pieds. Sous cette voûte — à peine si les étoiles se laissaient entrevoir — la nuit était profonde, la marche pénible; on n'eût jamais deviné, à voir s'agiter ces ronces et ces branchages, que tant de jeunesse et de beauté circulaient, cachées dans ces sillons.

De temps à autre Eugène poussait un cri de découragement ou de désespoir; Louison l'encourageait, lui parlant à voix basse, et comme si elle avait peur d'être entendue. — Allons, courage, Eugène ! encore un instant, et la plaine va paraître. Cependant elle allait toujours, écartant de ses vaillantes mains la branche jalouse et ne laissant retomber la branche que lorsque Eugène avait passé.

A la fin — il était temps ! — le sentier déboucha dans la plaine, l'abîme lâcha sa proie, ils retrouvèrent, sous leurs pieds, la terre ferme, et sur leurs têtes les étoiles brillantes : le Chariot resplendissait de tous ses feux sur la tête de Louison ; ainsi brillait l'étoile du soir, au-dessus de l'OEta.

Dans le trajet du chemin creux, les étoiles avaient grandi, la lune avait monté, le silence et l'espace avaient accompli un de leurs chefs-d'œuvre ; écoutez Virgile :

Omnia noctis erant placida composta quiete !

Pareille nuit ne s'était pas vue encore, depuis ces heures charmantes qui rendaient Roméo à Juliette. Eh ! si je voulais trouver une excuse à ces rapides amours d'Eugène et de Louison, je

n'irais pas la chercher bien loin. Je dirais aux critiques : Mes deux amoureux vont un peu vite, c'est vrai, mais quoi d'étonnant? Roméo et Juliette n'allaient guères, que je sache, à pas comptés. « Dès que les deux amants se sont
« vus, » dit un critique habile, un critique-poëte,
« ils se jettent à la tête l'un de l'autre, et leurs
« lèvres ne se quittent plus, même dans le tom-
« beau!..... Regardez-les, » dit-il encore avec une complaisance et sur un ton de voix qui me rassure, « ces deux enfants, le jour où ils se
« voyent pour la première fois... l'irrésistible
« amour les prend par la main et les mène l'un
« au-devant de l'autre; ils ne se sont jamais
« vus, ils se reconnaissent; ils la retrouvent
« soudain, cette image charmante qui passait et
« repassait à travers leurs rêves; leur cœur
« parle et s'écrie : C'est lui, c'est elle! » A la bonne heure! on ne pouvait pas mieux expliquer cette soudaineté, ce *coup de soleil* de l'amour.

Eugène en est là avec Louison : « Si ses deux

« yeux étaient dans le ciel, les oiseaux crie-
« raient qu'il ne fait pas nuit et se mettraient à
« chanter. » Louison en est là avec Eugène :
« Hélas! le masque de la nuit est sur ma fi-
« gure ; s'il faisait jour, tu verrais une couleur
« virginale colorer mes joues, pour ce que tu
« m'as entendu dire ce soir. Mais vainement
« voudrais-je dissimuler; loin d'ici les précau-
« tions vulgaires. M'aimes-tu? Je sais bien que
« tu diras *oui*, et je te croirai, aimable Roméo !
« Si tu m'aimes ! dis-le loyalement, ou bien, si
« tu trouves que je me donne trop vite, alors je
« te serai cruelle, je dirai *non*, et je te rendrai
« malheureux. Roméo malheureux ! Non, Ro-
« méo, pas pour un empire, je ne le voudrais,
« j'aime trop, et je te permets de trouver que
« ma conduite est légère; mais crois-moi, je
« te serai plus fidèle que celles qui sont plus
« habiles ! »

Allez donc vous fâcher contre cet hymne de
l'amour, chanté, à l'unisson, par deux voix
jeunes, fraîches et enivrantes. Demandez, si vous

l'osez, à l'enthousiame, ces gradations savantes et ces développements habiles, indispensables, nous dit-on, à l'intérêt du drame, à la curiosité du récit. Les amoureux en savent plus long que les poëtes; ils se passent de calcul, d'avarice et d'arrière-pensée; ils sont prodigues, parce que Dieu leur a tout donné en leur donnant l'amour, et maintenant que j'ai trouvé mon excuse en si bon lieu :

« Étends ton voile épais, ô nuit! aux œuvres
« amoureuses, afin que tous les yeux se fer-
« ment, et que Roméo puisse sauter dans les
« bras de sa bien-aimée sans qu'on le voie!
« Pour accomplir leurs amoureux mystères, les
« amants n'ont besoin que de leurs propres beau-
« tés; et d'ailleurs, si l'Amour est aveugle, la
« nuit lui va mieux. Viens, nuit commode,
« discrète matrone, toute vêtue de noir, et
« apprends-moi comment l'on perd une partie
« engagée par deux virginités sans tache.....
« Viens, nuit! viens, Roméo, toi qui es le jour
« dans la nuit! Viens, chère nuit, nuit amou-

« reuse, nuit aux sourcils noirs! donne-moi mon
« Roméo... Oh! j'ai acheté une maison d'amour,
« mais je n'en ai pas encore pris possession ; je
« suis vendue, mais je ne suis pas encore prise.
« Ah! ce jour est aussi long pour moi qu'est
« longue la nuit qui précède une fête, pour un
« enfant impatient qui a des habits neufs et qui
« ne peut pas les mettre encore. »

Ainsi parle en son hymne, la Juliette de Shakspeare. Louison n'était pas, tant s'en faut, un poëte à cette hauteur; elle savait l'air et le sens de la chanson, elle n'en savait pas les paroles :

Numeros memini..... si verba tenerem.

CHAPITRE XIV.

O FONTENAY, QU'EMBELLISSENT LES ROSES.

Si ce n'était pas tout à fait l'amour de l'alouette et du rossignol, au moins c'en était l'image. O le beau ciel ! ô la belle heure pour être seuls, pour entrer dans la vie heureuse, et marcher résolument dans les sentiers peu frayés de la dix-huitième année ! On n'est pas Roméo, non plus que Juliette, on est du moins quelque chose d'amoureux, d'heureux et de charmant. On s'aime comme on peut, et l'on attend le reste. Nuit complaisante et discrète en effet! Pas un nuage qui trouble ces clartés ineffables; pas la moindre haleine du vent endormi qui dérange ce calme profond; la sécurité même semblait régner sur ces plaines agrestes où mûrit le pain de l'année; la clarté tombait sereine et fière, de ces sommets lumineux. On ne sait quelle vie intime cachée dans ces blés, les agitait sans bruit dans une ondulation à peine sensible; la cime argentée et frissonnante du peuplier d'Italie allait çà et là, se repandant d'arbre en arbre; du fond des marécages la grenouille chantait sa complainte; le grillon faisait entendre son petit cri douloureux; l'oiseau des ténèbres remplissait l'écho, de ses tristesses. Ainsi s'éveillaient, l'une l'autre, les chansons de la nuit sous les astres en feu, et bientôt toutes ces plaintes empruntèrent à ces lueurs favorables, je ne sais quelle joie inattendue, quel bonheur inespéré, quels transports, inconnus à ces pauvres êtres ensevelis dans les joncs du marécage, dans la poudre du chemin, dans le creux du vieux saule. O joie ineffable de l'amour, répandue avec une profusion divine dans ces royaumes de l'été!

Alors semblable à la nymphe Tyrène, fille du fleuve Penée, lorsque Apollon brise ses vœux et lui fait épouser le berger Aristée, notre Louison, rassurée et ranimée par ce grand spectacle des solitudes, des silences et des murmures de la terre et du ciel, se mit à courir dans ces blés à peine jaunissants, et... la belle fille! pour mieux courir, elle relevait sa jupe rosoyante un peu plus qu'il n'eût été nécessaire; en ces moments propices aux intelligences d'ici-bas et de là-haut, les belles filles de la terre n'ont rien à refuser aux dieux invisibles. Elle courait, comme une ombre heureuse dans les jardins de l'Élysée, où se promènent les âmes de ceux qui ont vécu dans l'innocence; de temps à autre elle retournait la tête pour savoir si elle était suivie? La coquette! est-ce qu'on pouvait ne pas la suivre? Elle allait ainsi, vive et légère, et son amoureux la suivait.

On fait bien du chemin en peu d'instants, quand c'est à peine si l'herbe est courbée à votre passage; ils arrivèrent ainsi, elle et lui, ma Juliette en petit chapeau, mon Roméo à l'innocente épée, dans les parages de quelques maisons habitées; tout dormait, excepté l'horloge et le coq, qui disent les heures aux étoiles. Réveillé par le chant de l'oiseau, le bonhomme Hilaire, colon d'une masure et d'un petit champ voisin, secoue, en bâillant, le sommeil de ses yeux; il quitte à regret ce lit si dur, il s'habille à tâtons, et dans son foyer froid il cherche quelque étincelle du feu de la veille.

Bientôt sous le souffle ardent du bonhomme, se réveille une flamme oubliée et qui suffit à rallumer la lampe, ranimée elle-même par un peu d'huile que lui verse une main avare; la faible clarté remplit à peine un coin obscur de cette masure. — Allons, au travail, mon pauvre Hilaire! Tu es seul, fais ton pain de la semaine. Il y avait encore au fond du sac, en peau de chèvre, un reste de farine bise; il verse le sac dans le pétrin où déjà fermente un peu de levain emprunté à la ferme voisine. Un peu d'eau tiède a bientôt délayé cette pâte, et ici l'œuvre commence du pain de chaque jour.

En ce moment une main légère frappait à la porte de l'humble colon. — Entrez, dit-il, car la porte fermait à peine au loquet. C'étaient Eugène et Louison qui demandaient leur chemin.

— Nous nous sommes égarés, disaient-ils, nous avons voulu courir, et nous avons perdu la trace indiquée; heureusement nous avons vu briller un peu de lumière à votre fenêtre, et nous avons pensé que vous nous remettriez dans notre chemin.

L'homme avait les mains à la pâte; il dégagea ses mains avec cette attention prudente d'un pauvre diable qui ne veut pas perdre un seul grain de ce blé noir qui lui a coûté tant de sueurs; même il retenait son souffle pour ne pas faire envoler un brin de farine. — Enfants, dit-il, voilà une heure mal choisie pour aller à travers champs, comme vous faites ; cependant vous êtes plus heureux que sages, et vous arriverez dans un instant à Fontenay.

Disant ces mots, il renfermait dans le pétrin sa miche commencée, et du pas de la porte il indiquait leur chemin aux voyageurs.

A cent pas de là s'élevait la croix de bois; cet arbre divin qui a enseigné le vrai chemin à tant de nations, à tant de siècles de l'humanité tout entière, eut bien vite indiqué à ces vagabonds, la longue avenue du château de Fontenay. — Voici le chemin, s'écria Louison la première, notre gîte est au bout; allons vite. — Et comme son camarade la voulait avertir de marcher d'un pas moins hâté : — Je n'ai pas chaud, dit-elle; et, lui prenant la main, elle lui fit toucher son front.

Les voilà, pour le coup, dans cette longue avenue de vieux ormes séculaires, dignes contemporains des ormes de Versailles, des chênes de Fontainebleau. L'avenue immense et raide, à la française, s'ouvrait de toutes parts, à toutes sortes de chemins, tracés dans ces bois disposés pour la chasse ; cette masse de verdure épaisse, ces fossés, ces barrières, ces gazons, ces fourrés épais, ces feuillages, ces fantasques rivages que recèle en son sein une forêt inconnue, ces longs rameaux, ces vieilles écorces, autant de fantômes, autant de menaces. Louison avait peur, elle n'en dit rien ; elle prit la main d'Eugène, et, se tenant par la main, ils pénétrèrent sous ces voûtes sombres avec autant de respect que s'ils fussent entrés dans quelque forêt sacrée, autrefois touchée par les foudres de Jupiter, ou dans quelque bois druidique, à l'heure du sacrifice, lorsque la prêtresse inspirée appelle la victime expiatoire. On eût dit, en effet, qu'ils venaient d'entrer dans quelque danger sans nom. Le calme rayon qui les avait accompagnés jusqu'à cette ombre fatidique, s'arrêta tout à coup, et la nuit les surprit dans ces charmilles solennelles. Pour cette fois, Louison se prit à trembler ; autant elle s'était vaillamment conduite et débattue dans le chemin creux, autant elle se sentit mal à l'aise sous ces grands arceaux de feuillage dont le faîte se perdait dans la nuit. — Ah! disait-elle en frissonnant, où allons-nous? où sommes-nous? La pleine campagne nous échappe, la lune se couvre d'un voile, et nous voici dans le labyrinthe de Crète; il est temps encore, crois-moi, revenons sur nos pas et cherchons un détour.

Eugène, en ce moment, s'avisa d'avoir du courage à son tour.—Oh! peureuse! et la prenant par sa taille de nymphe effrayée, — Allons! dit-il, et puisse, en effet, ce bois épais se fermer sur nous et nous cacher dans ses profondeurs. En même temps il l'entraînait, hésitante encore, et suspendue à son bras, la belle effrayée. Jusque-là elle avait commandé, elle avait marché en avant, elle avait été le capitaine... elle n'était plus que le soldat qui obéit à son général. Ils allèrent ainsi, tout d'une traite et dans l'ombre, et peu à peu l'ombre même finit par se lasser ; de temps à autre une éclaircie arrivait à leurs pieds, et jetait sur leurs fronts unis un rayon consolateur. Ils arrivèrent, enfin, à ce moment heureux où l'arbre s'arrête et cède le pas aux clartés triomphantes de la lune en ses pleines splendeurs! O bonheur! ici s'arrêtait la sombre allée, et là-bas, dans cette lumière qui tombe et rejaillit en faisceaux de cette voûte éclatante, apparaissent les tourelles élégantes du château de Fontenay.

Fontenay était encore en ce temps-là, une belle maison fossoyée, qualifiée, et seigneuriale, de structure et de tournure militaire. Des princes avaient bâti Fontenay, des rois l'avaient habité ; ce vaste château avait abrité les fêtes, les élégances et les amours de François Ier lui-même, qui le comparait à Chambord. Après le roi-chevalier, les derniers Valois s'étaient promenés dans ces jardins ; pauvre race royale épuisée, et qui comprenait confusément que l'heure avait sonné de céder la place à la race qui allait venir. Plus tard, le Béarnais avait passé quelques journées paisibles dans ces giboyeuses forêts où se retrouvait la trace hardie de l'amiral Coligny lui-même. — Sur les traces du lion on pouvait voir, empreints dans le sang, les pas de la hyène, Catherine de Médicis.

Louis XIII y vint après Henri IV; même il donna Fontenay au duc d'Épernon, son favori d'un jour. Que de tristesses il traînait à sa suite, ce vieillard-enfant qui n'osa jamais toucher ni au sceptre de son père, ni aux lèvres de sa maîtresse! — Une seule fois, ces portes souveraines s'ouvrirent pour M. le régent d'Orléans, et chose croyable, à cette irruption soudaine du vice, de l'esprit et du doute en toutes choses, le vieux château féodal trembla du faîte à sa base! Quel était donc ce nouveau venu, si proche du trône, qui jetait l'ironie et le mépris sur toute l'histoire qui s'était accomplie avant le jour funèbre du 1er septembre 1715, quand une voix se fit entendre au monde entier qui disait : — Le roi est mort!

Cet homme qui portait la couronne, en attendant que son pupille eût l'âge voulu pour être roi de France, avait fait de cette couronne un jouet, et rien ne l'amusait davantage que de songer que le premier dans ce royaume du bon plaisir, il avait désobéi à Louis XIV, déchiré son testament, et méprisé ses volontés scellées du sceau fragile de ses passions, de ses croyances, de ses remords, de ses terreurs. Plus tard, le vieux château déplut à M. le régent; il trouva que ces murailles manquaient d'élégance, que l'écho de ces voûtes était rebelle aux accents de ses joies, et que tant de souvenirs des visites royales importunaient ses maîtresses et ses bâtards. — Il passa une nuit mauvaise dans le lit qui avait servi au roi Henri IV, son aïeul; il lui sembla que cette ombre généreuse lui apparaissait, la couronne au front, le poignard dans le flanc, et qu'une voix attristée lui adressait ce discours :

« Malheureux prince, le plus semblable à moi des petits-fils de ma race, tu avais en toi-même tout ce qui fait les grands hommes, et tu t'en es servi pour accomplir les plus grands vices. Tu n'as suivi que mes mauvais exemples, tu n'as marché que dans le sentier de mes égarements. Ce royaume que j'avais sauvé, cette monarchie que j'avais fondée, et que le grand roi avait portée au plus haut degré des respects et des obéissances que pouvaient espérer une couronne mortelle, qu'en avez-vous fait, Monsieur le régent? Vous en avez fait une déclamation, une ironie, un jouet! L'enfant royal, venu au monde sur un tombeau, ce précieux rejeton de tant de rois, que la France avait confié à votre tutelle, vous l'avez entouré de tous les soins qui font vivre un enfant, mais aussi de tous les exemples qui perdent un jeune homme; ainsi le corps de ce prince choisi a été sain et sauf, pendant que l'âme s'est dégradée. Imprudent, qui n'as pas compris toutes les ruines que peut couver une parole mauvaise, et toutes les révolutions que peut enfanter une conduite coupable ! Tu as joué non-seulement avec l'argent de mes peuples, mais avec leurs croyances, et ne pouvant pas la briser, cette force morale, tu l'as attaquée par tous les genres de bons mots et de mépris. Va! va! si tu as semé des germes funestes, nos petits-neveux recueilleront une moisson abominable. Et pourtant je ne veux pas te maudire, mon pauvre enfant : ton esprit était bon, ton cœur était sans fiel; tu as été affable comme moi, amoureux plus que moi; tu n'as jamais aimé la vengeance, et le pardon s'est rencontré toujours dans ton sourire et dans tes yeux. »

Cette vision de son aïeul attristé et inquiet, chassa M. le régent du château de Fontenay, et il revint, en toute hâte, à ses jardins de Monceaux, à son parc du Raincy, à ses chambres dorées du Palais-Royal; il fut le dernier prince du sang royal qui habita ces demeures féodales. Fontenay, vendu à l'encan, devint alors une maison des champs, une maison utile; on demanda à ces campagnes, non plus seulement le silence et le repos, mais le produit; on eut des fermiers, non pas des vassaux; les tourelles guerrières servirent de pigeonnier; de jardins, les cours dépavées; de viviers, les fossés; de greniers, les magasins; de caves voûtées, les oubliettes; de salle de bal, la chambre des gardes. On fit entrer, par la porte dérobée aux amours légitimes et permises, le régisseur Jean Laumon ; et les colons de la terre qui venaient payer leurs fermages. A peine si, par respect pour les hommes qui avaient laissé en ce lieu, les traces de leur passage, avait-on négligé d'effacer de ces murailles, les chiffres, les emblèmes, les devises galantes, les cris de guerre, les armoiries, autant de traces incertaines du passé.

Ces beaux domaines, conquis par l'épée et la vaillance des hauts barons, qui en avaient fait leur citadelle domestique, voilà pourtant ce qu'ils deviennent, en moins de deux siècles :

un nid pour l'hirondelle qui fait son nid entre *Orphée* et *Eurydice*, un asile pour l'araignée qui tisse sa toile entre *Angélique* et *Médor!* Pourtant les pères disaient, se montrant à eux-mêmes ce riche manoir : Voilà une terre de mon titre, de ma qualité, de mon nom, de ma justice, qui passera, éternellement, de mon fils aîné à son fils aîné, jusqu'à la fin du monde et de la monarchie... O pères imprévoyants! seigneurs insensés! alliances, ambitions, rêveries!... Un coup de dé au *passe-dix* de la duchesse de Berry, une carte au lansquenet de la duchesse de Bourgogne, un coup d'œil d'une fille d'Opéra, et la voilà renversée à tout jamais, cette fortune imaginaire, et ton enfant, illustre baron, ton fils des croisades, déposera plus tard, son blason fleurdelisé, aux pieds plats de quelqu'une des filles de ton ancien bailli, afin que cette fille, acceptant la main qu'il lui offre à genoux, daigne rendre à des enfants de son sang et de ton nom, ces terres, ces cultures, ces landes, ces forêts, ces chevaux,

ce domaine dont les huissiers avaient chassé
tes héritiers éternels.

Quoi d'étonnant? L'infant don Philippe a
bien perdu le Brabant, et l'impératrice-reine
la Silésie. Fontenay le mutilé! Dunkerque la
démolie! Il ne faut s'étonner de rien à la fin
des monarchies qui s'écroulent, non plus qu'aux
premiers jours des républiques qui commencent;
le livre l'a dit : « Tout royaume divisé en lui-
même sera désolé, toute ville ou toute famille
divisée en elle-même, ne subsiste pas. »

Vous pensez bien qu'à cette heure avancée
et froide d'une nuit limpide, et claire comme
un jour de février, nos jeunes gens ne perdi-
rent pas leur temps à disserter sur l'antiquité
du château de Fontenay et à se demander : quels
hôtes avaient passé par ces demeures? Ce qui
les inquiétait, c'était de savoir comment péné-
trer dans cette enceinte si bien défendue? En
effet, le fossé était large et profond comme un
fleuve ; les eaux... un tourbillon noir! Les fenêtres, fermées et silencieuses, resplendissaient

de cette clarté extérieure que projetait la lune sur le fossé, et que le fossé rejetait sur les murailles. — Pas une issue et pas une poterne! — Allons, disaient-ils, essayons d'appeler à notre aide! Appelons Hubert! En effet, ils appelèrent : Hubert! Hubert! — disait la voix virile. — Monsieur Hubert! disait la voix d'argent! — Hubert! Hubert! Certes, voilà un nom sonore, et qui rencontre des échos obéissants!..... Rien ne répondit au nom d'Hubert, et nos deux Bohémiens n'entendirent que le vent de bise qui se leva soudain, frappant de sa piquante haleine, le beau visage de Louison.

Ils s'étaient assis sur le bord du fossé, et voyant leur appel inutile, et que rien ne répondait à leurs voix unies, ils se mirent à faire le tour de l'enceinte, cherchant un pont à droite et à gauche et ne trouvant rien, lorsque enfin, à un certain coude que faisait le boulevard, ils remarquèrent, négligemment jetée en travers du fossé, une planche étroite et semblable à un fil qui unirait la cour d'honneur de cette maison, à la vaste pelouse et à la grande allée par laquelle ils étaient venus jusque-là. Eugène, posant un pied timide sur cette planche vacillante, appela une dernière fois..... et l'écho seul redit : Hubert ! Seulement un coq chantait dans le lointain, et à l'autre bout de ce pont mobile hurlaient deux grands dogues d'Angleterre ; c'était un hurlement plein de menaces, terrible, affreux, mais une fois que les formidables gardiens de ces murailles eurent prévenu les visiteurs malencontreux qu'ils étaient à leur poste, et qu'ils faisaient bonne garde, ils se mirent en arrêt sur le parapet du fossé, et ils attendirent, en silence, la gueule ouverte ! O la malheureuse Louison ! ô le pauvre Eugène ! s'ils franchissent le fossé, ils sont dévorés à belles dents !

Oui, mais le vent augmentait, mais l'eau clapotait sous le souffle visible, mais le peuplier blanc de Hollande et le peuplier noir d'Italie, le peuplier d'Athènes et celui de Virginie, agitant leurs feuillages, leurs rameaux et leurs branches sonores, semblaient dire aux voyageurs : Hâtez-vous, l'orage arrive! Il fallait donc coucher à la belle étoile, ou se hasarder sur ce frêle passage, et cette planche était la planche de salut : — Attends-moi, Louison, disait Eugène, attends-moi, je vais voir s'il n'y a pas encore quelque obstacle. En effet, il se disposait à passer, lorsque Louison, d'un bond léger, passa la première sur la planche mobile : — Allons, dit-elle à son tour, viens, Eugène, et suis-moi! Bonne ou mauvaise, notre fortune sera la même! Elle marchait, il fallut la suivre; il la suivit, la tenant par la main. Arrivée au milieu du fossé, à cette place menaçante où l'eau roule sur elle-même en un tourbillon silencieux, poussée et refoulée par le courant rapide, Louison s'arrêta, et tournant vers son amant cette tête charmante, doucement éclairée du rayon d'en haut : — Je t'aime! lui dit-elle, et je te jure..... Ici la planche, trop chargée, se ploya jusqu'à toucher l'eau; Louison effrayée reprit sa marche, sans achever son serment.

A mesure que les dogues les sentaient venir, ils s'apprêtaient à saisir leur proie; ils se dressaient contre le rempart, les griffes tendues, la gueule ouverte; en ce moment le silence était effrayant. Mais, sans rien craindre, Louison arrivée au bout du fossé, flattait le dogue, de la main.—Bonjour, monsieur! lui dit-elle de sa voix avenante; et le molosse obéissant lécha cette main amie. A la faveur de Louisette, Eugène passa; ces intelligents animaux avaient-ils compris que rien ne ressemble moins à un voleur qu'un amant, et qu'il était de leur devoir de bien accueillir ces jeunes gens qui apportaient dans ces vieux murs, leurs gais sourires, leur bonne humeur, leur bonne grâce et leur printemps?

Le fossé franchi, ils se trouvèrent dans un avant-corps de logis qui contenait les écuries, les étables, les greniers, tout l'ensemble d'une maison rustique. Écuries silencieuses, étables vides, greniers effondrés! La maison du régisseur occupait l'extrémité de cette cour. Sombre maison, porte ferrée, et lourd marteau.

Eugène prit le marteau et frappa, à intervalles réguliers d'abord, irréguliers bientôt, sur la porte gémissante, jusqu'à ce qu'enfin l'ami Hubert, qui dormait du sommeil des justes sous ce vieux toit, réveillé en sursaut, et les yeux tout chargés de ce bon premier sommeil inconnu aux passions de la vie, se mit à passer sa tête bouclée à travers la lucarne de pierre sculptée, et — Qui va là? s'écria-t-il de cette voix à l'accent vibrant qui, les jours de grand vent et de mauvaise chasse, se faisait entendre à trois lieues d'alentour.

Et comme Eugène, pris à l'improviste, hésitait à répondre, — Qui va là? reprit maître Hubert, et cette fois les chiens, qui n'avaient pas quitté les deux jeunes gens se mirent à gronder.

— C'est nous, Hubert! répondit Eugène!... C'est nous! Comme si le soleil et les étoiles, l'univers et le château de Fontenay, la terre et le ciel, devaient savoir à une heure du matin, que M. Eugène de Jadis était parti ce matin même, bras dessus, bras dessous, avec Mademoiselle Louison d'Aujourd'hui.

— Qui, vous? reprit Hubert d'une voix plus douce; et les chiens revenant à leurs bons premiers sentiments, recommencèrent à agiter la queue en signe d'alliance; qui, vous?

— Moi! Eugène! ton ami; moi, Eugène! ton quatrième clerc; hâte-toi, descends, et ouvre-nous.

Une exclamation joyeuse accueillit le nom du visiteur inattendu, et bientôt, à travers les meurtrières de l'escalier en spirale, on vit descendre Hubert et sa lampe, et la porte s'ouvrit, et les deux amis s'embrassèrent de tout leur cœur.

— C'est donc toi? s'écria le jeune homme, à cette heure, ô la bonne fortune de te revoir! Mais entre donc, entre vite; le vent est froid, ta main est glacée, et la rosée a percé tes habits.

Eugène, attiré à l'intérieur par cette main amie et robuste, se défendait de toutes ses forces. Il ne voulait pas entrer seul! Il cherchait des yeux sa compagne de voyage;... elle avait disparu! Pas de Louisette, et plus Eugène se voulait dégager de cette étreinte, et plus l'ami Hubert insistait. — Au fait, reprit-il enfin, que cherches-tu? à qui en as-tu? que demandes-tu? Puis déposant sa lampe sur la dernière marche de l'escalier; ah! dit-il, je comprends : c'est *nous*, Hubert! ouvre-*nous*, Hubert!

Et peu vêtu comme il l'était, les bras en chemise, il se mit à courir dans la direction de trois amandiers qui formaient une espèce de bosquet au bout de cette première cour. — Ah! ah! dit-il, rassure-toi, Eugène, je la tiens; je tiens la fauvette à tête noire! O fauvette, en effet, comme le cœur lui battait en ce moment! Elle voulait fuir, elle se laissa prendre, et monsieur Hubert s'en revint bien vite, portant dans ses bras, cette Louison légère, et remontant les quelques marches de l'escalier, il déposa son fardeau sur une chaise, non loin du foyer. Un instant suffit pour faire une flambée; au feu réjouissant du bois pétillant de la vigne, Louison eut bien vite retrouvé l'entière possession de ses grâces, de son sourire, de ses fraîches couleurs.

CHAPITRE XV.

**ALLONS, SEIGNEUR, ENLEVER
HERMIONE.**

Voici donc enfin notre deuxième héros qui se présente à nous, sans fard et sans art, on peut le dire, et pendant qu'il attise à son foyer, cette flamme obéissante à ce souffle vigoureux, il n'est pas inutile de vous le montrer, tel qu'il apparut à la belle Louison en cette nuit choisie et favorable, si peu semblable aux *Nuits d'Young*, un affreux livre d'un saltimbanque anglais qui était à la mode, en ce temps-là, et dont les couturières sur leur retour ne veulent plus aujourd'hui.

Maître Hubert Laumont, le fils du régisseur de Fontenay, était venu au monde une année ou même dix-huit mois, avant son ami Eugène de Jadis, encore faut-il dire que cette vie unie et sans nuage, au paradis des champs, en franche et paisible paysannerie, dans la prospérité, l'aisance et la printanière verdure, lui avait donné cet air déluré, de force, de courage, de bonne humeur et de santé, qui ajoute une beauté si noble et si vraie, à la sincère beauté d'un jeune homme. Ses yeux petits et perçants, mais pleins de brillant et de flamme, jetaient la vie à longs flots sur ce visage hâlé qui annonçait, sous son hâle clair, une peau blanche et vermeille. Il était brun, mais il avait les cheveux de deux couleurs : blonds en dessous, bruns à la surface; pareillement les sourcils étaient bruns et très-fournis, la moustache était blonde et naissante; les cils étaient noirs :

un beau jeune homme à tout prendre ; un geste rapide, une mine hardie, le sourire naïf. Ainsi favorisé par tant de circonstances heureuses, il avait rencontré bien des dames, et même des plus huppées, qui très-volontiers lui avaient fait faire ses études, et lui, en bon enfant qu'il était, il s'était prêté très-volontiers, aux leçons désintéressées de ses institutrices. Elles lui avaient enseigné, pour commencer, à vivre de peu dans les mauvais jours ; à ne jamais dire : *C'est assez!* quand les occasions étaient belles ; elles lui avaient appris à attendre, à ne pas attendre, à préparer la conclusion et à la brusquer ; elles lui avaient démontré qu'en fait d'amour, le hasard est un dieu aussi puissant que l'amour. Il faut être brave, hardi, leste, entreprenant, courageux ; à l'audace il faut réunir un tact très-fin et très-sûr. Il ne faut pas se dire : Je suis jeune et je suis habile et j'ai le temps ; à la guerre et en amour, ce qui est perdu est perdu ; il faut vaincre pour profiter de la victoire, et pour vaincre il faut encore être amoureux, voilà le grand point, et généreux, voilà la grosse cloche en amour. Hubert Laumont, intelligent comme on l'est à son âge, en sut bientôt, grâce à tant de leçons exquises, un peu plus long que n'en sut jamais cet Ovide efflanqué que l'on appelait : *Gentil* Bernard ! Ce Gentil Bernard n'avait guère étudié les leçons de l'art d'aimer que dans ses propres vers, Hubert Laumont avait pris ses leçons, en ce grand art, dans les yeux de ses maîtresses. Ces dames d'un si haut et si utile enseignement étaient des fringantes et des galantes qui avaient découvert l'enseignement mutuel, bien avant qu'on en fît tant de bruit dans nos écoles. Elles disaient (écoutez, c'est le commencement de toutes les conquêtes !) ce que toute femme dit un peu, au fond de son âme, ce que dit la sagesse parlant d'elle-même :

« J'aime ceux qui m'aiment, dit la Sagesse au livre III, chapitre III, verset 12 du Livre des Rois et des Étudiants, j'aime ceux qui m'aiment; et qui me cherche au matin, me trouve avant le soir! »

Oui, mon cher Hubert, lui disait une de ces dames professes, lisez les proverbes du grand roi Salomon, il n'y a pas une dame de ce bas monde qui ne vous dise :

« Allons, bon espoir, je me laisse voir facilement à ceux qui m'aiment; je leur apparais avec un visage agréable, et je n'oublie rien pour aller à leur rencontre. »

Ainsi, mon fils, il faut aimer les dames et ne pas vous plaindre de la peine que vous prendrez à cette recherche. « De toutes ces choses, faites-vous instruire dès votre jeunesse, ajoute l'*Ecclésiaste*, et votre science acquise vous suivra jusqu'aux cheveux gris; cultivez-la avec soin, et attendez ses bons fruits. » L'*Ecclésiaste* et ces dames-enseignantes disaient aussi : « Mettez vos pieds dans mes entraves, votre pied dans mes liens, votre épaule sous mon joug. » Car telle est la loi de la femme agaçante, et telle la volonté du Seigneur.

Voilà ce que ces grandes et ces petites maîtresses avaient appris au fils de Jean Laumont. Hubert, de son côté, avait agrandi de toutes ses forces cette science de l'art d'aimer, et il s'était appris de bonne heure, et avec son instinct pour guide, à aimer également les dames et les fillettes, à suivre, du même pas, le bavolet s'il est jeune, et le falbala s'il est bien fait; à reconnaître l'étoile et l'heure du berger sur tous les fronts, dans tous les yeux ; à demander la sœur d'Alexandre pour obtenir la fille d'Antigone, et assuré de la fille d'Antigone, ne pas renoncer à la sœur d'Alexandre. Il savait donc toutes ces belles choses, il les savait à fond; qu'il les eût apprises par une suite de leçons ou de hasards, par la réflexion ou par l'expérience, et il en tirait volontiers les plus justes conclusions : la civilité, l'entregent, la câlinerie, la pipée et la piperie, et non-seulement il savait par cœur les *Proverbes*, l'*Ecclésiaste* et la *Sagesse*, tous enseignements dont il tirait un grand profit, mais encore savait-il par cœur *le Colloque familier du vrai amour pudique et sincère*, entre la jeune Marie et le jeune Pamphile, Marie étant retranchée en un chastel gardé par trois immortelles : dame Prudence, dame Tempérance et dame Magnanimité. Ainsi était fait le compagnon ; à force de savoir ce que c'était que de vivre agréablement et avantageusement avec les dames, il était devenu un vaurien très-habile, très-dangereux et très-charmant. Ah ! le galant homme, en effet. Ah ! le pauvre Eugène, le maladroit sublime qui amène si bénévolement sa douce brebis, à la gueule de ce loup dévorant !

Le loup, en ce moment, ne songeait pas à mal, au contraire, il était tout entier à ses empressements innocents d'amitié et de bon accueil. Quand tout à l'heure il prenait dans ses bras Louison la belle, et qu'il rapportait la brebis au bercail, comme fait le bon pasteur, il avait bien senti monter à son cerveau réjoui quelque douce fumée de cette brunette et sadinette Louison; mais Louison déposée au foyer domestique, Hubert avait oublié cette impression fugitive; il aurait eu honte de s'en souvenir. Cette belle fille sentait son printemps, c'est bien vrai; eh bien! tant mieux pour Eugène, et qu'ai-je à y voir, moi Hubert? Bref, il s'était placé innocemment dans un moyen terme entre ces deux amours dont parle l'apôtre saint Paul (*de triplici amore*), l'amour charnel et l'amour spirituel, ou comme disait un poëte en pareille occurrence:

J'en vis trop pour être sage,
Et trop peu pour être heureux!

Et pourtant, avec ce *peu* et ce *trop*, Hubert fut heureux et sage; un instant distrait de ses devoirs hospitaliers par ce beau corps que dessine à merveille une robe empreinte de la rosée du soir, et peu à peu détendue au léger contact de la flamme pétillante, il fut tout entier au bonheur de revoir un ami tendrement aimé, à l'orgueil de recevoir sous son toit vermoulu, cette belle créature qui eût décoré une cabane de charbonnier, et aussi tout entier à l'inquiétude et au malaise de savoir comment s'y prendre pour donner à ces deux échappés de la grande ville, une idée honorable de la vie et de la fortune de ce vieux château, célèbre jadis par ses fêtes, ses festins, ses bombances, sa bouche en cour? Demain sera venu si tôt! Quant à leur donner à souper, là, tout de suite, au coin du feu et sur un coin de la table, à cette heure avancée de la nuit, il était impossible d'y songer, aussi bien... il n'y songea pas, l'habile garçon!

— Je vois, dit-il à Louison réchauffée et réjouie (elle le regardait souffler son feu depuis cinq minutes et sans mot dire); je vois, Madame, que ce méchant feu a suffi pour sécher vos vêtements et ramener le sang à vos belles joues; l'heure matinale et le premier chant du coq nous avertissent qu'il est temps de vous laisser prendre un repos dont vous avez grand besoin. Justement, Madame, votre chambre est prête, et vous vous trouverez logée, je l'espère, d'une façon digne de vos beautés ; non pas que nous ayons la prétention de vous retenir dans ce pavillon, fait pour le concierge, on vous logera dans le château même, au premier étage, en plein soleil, en belle vue. Hier encore on attendait au château madame la présidente douairière; mais rassurez-vous, Madame ne viendra pas avant l'automne, si elle vient. Elle a ses caprices, elle a ses vapeurs. Elle avait envoyé ses femmes pour préparer son appartement, et parer son lit : la chambre est faite, le lit est paré, les femmes sont parties. Vous serez couchée comme une reine, dans un grand lit à baldaquin, où votre petite paresse pourra dormir la grasse matinée. Parlant ainsi, d'une voix gaie, avenante, et qui dissimulait fort bien le grand mot : *le souper!* il allumait sa dernière chandelle dans un flambeau de bleu-lapis, enrichi de filets et de chevrons brisés, à deux couleurs. Un chef-d'œuvre, ce flambeau, un triste luminaire, cette chandelle de suif; mais la maison entière était ainsi faite :

on tirait le cidre dans une buire de Venise ornée de dragons et de godrons en relief; on buvait son lait dans une tasse à deux anses, signée de Joseph Landin; on buvait son vin dans un gobelet de forme conique posé sur un présentoir en vermeil; on mangeait son pain bis sur une assiette de Bernard de Palissy, et tout le reste à l'avenant : la cuiller était en bel ivoire, surmonté de quelque figurine de la vierge ou de Vénus; le couteau damassé était renfermé dans une gaîne sculptée de Cherubinus Alberti; la fourchette à dix dents, représentait en relief la mort d'Absalon, David et Bethsabée, Apollon et les nymphes; chaque soir Louison lavait ses belles mains dans une aiguière en marjoline sur fond blanc, de forme ronde, où se voyait le baptême de saint Jean; sur l'aiguière était représenté, en style florentin, Moïse frappant le rocher, et plus loin, les troupes de Pharaon s'abîmaient englouties dans les flots de la mer Rouge. En un mot, jamais dans un des plus beaux châteaux de ce monde, on n'avait rencontré plus profondément alliés, l'indigence et le luxe, la famine et l'opulence, le zèle de l'antiquaire et l'incurie du propriétaire; — une si maigre cuisine, un appartement royal! — Le Louvre et le chaume, l'habit de velours sur un ventre de son. — Les malheureux! ils buvaient de la vile piquette, dans la coupe d'Inachus.

Louison ne se fit pas prier deux fois pour gagner ses appartements, et ce grand lit préparé pour une présidente-douairière. Il fallut traverser la cour et gagner le petit parterre couvert de rosiers; au bout du parterre, au retour d'une aile de la maison, se trouvait le perron, après le perron l'escalier, et au premier étage de cet escalier, que protége une rampe en fer forgé, ciselé et doré, s'ouvrait enfin cette longue suite de salons, de cabinets, de chambres, d'alcôves dont se composait cette maison seigneuriale. — Louison s'arrêta sur le seuil de la porte, et prenant des mains de son hôte le flambeau qu'il portait, devant ses pas, d'un air plus sérieux que s'il eût porté le bougeoir au coucher du roi, et prenant son paquet des mains d'Eugène, interdit et mécontent de cette fin d'une journée si bien commencée, elle leur souhaita une bonne nuit à l'un et à l'autre; même à mesure qu'ils descendaient l'escalier elle tendait le flambeau que protégeait sa main diaphane, et elle leur dit un dernier : Bonsoir. —Bonsoir, répondit la voix d'Hubert, et dormez bien, ma belle demoiselle. Eugène, de son côté : Bonsoir, Louison, dit-il avec un gros soupir. Puis la porte du vestibule s'étant refermée sur les deux amis, Louison, la résolue et l'endormie, entra dans ses appartements, moins semblable à la petite échappée de la rue Saint-Denis, que semblable à cette madame d'Aiguillon, *pair de France*, comme l'appelait Fléchier, lorsque fatiguée de la cour et des grandes affaires, elle venait demander quelques heures de silence et de repos à sa maison des champs.

Ce premier étage du château de Fontenay

était digne de M. le duc de Sully, du prince de Conti ou du duc de Choiseul qui étaient de grands antiquaires. Il renfermait, sans qu'on en sût trop le prix, les plus rares merveilles et les plus charmantes, augmentées par M. de Trésigny depuis ses voyages. On retrouvait, à chaque pas, le luxe, le goût et le talent des grandes dépenses, et bien que le hasard eût présidé à cet arrangement intérieur, le sans-façon et le sans-gêne dans lesquels étaient placées toutes ces belles choses, leur donnaient la grâce et la vie qui leur manquent, lorsqu'elles sont disposées, enfermées et cataloguées dans un musée ou dans le cabinet d'un antiquaire de profession; seulement il fallait plus de temps et plus de clarté que Louison n'en pouvait employer, à étudier ce mobilier des reines, et d'ailleurs elle avait hâte de s'endormir. C'est pourquoi elle franchit lestement deux ou trois salons de tableaux et de sculptures, et elle arriva à cette chambre préparée pour une grande dame, sans doute; mais pour une plus belle, pour une plus jeune, — une plus galante, c'était impossible.

L'appartement était magnifique et sérieux tout ensemble. On y retrouvait la trace du magistrat et de l'homme du monde. Deux consoles en bois d'ébène, portaient chacune sa statue en marbre blanc. Ici la Vierge, et là le Bambino venu de Carrare; de chaque côté de la cheminée se tenaient la *Prudence* et la *Justice;* le miroir était sculpté aux armes de la maison; les chenets représentaient, en bas-relief, saint Nicolas et saint Pierre; le prie-Dieu — un autel domestique, élevé sur un socle à double étage; la Vierge se tenait assise sous le porche du saint édifice, deux anges ailés et vêtus portaient des cierges, pendant qu'à l'étage supérieur s'accomplit le drame divin de la passion. Cette espèce d'oratoire se complétait d'un reliquaire, de forme oblongue, en émail bleu, représentant Dieu le fils sous la forme d'un agneau nimbé; d'une croix pastorale en or, émaillée sur ses deux faces; d'un livre d'heures à la reliure exquise représentant la sainte famille; d'un bénitier en bronze doré enrichi d'ornements en corail; dans une suite de rinceaux fleuronnés et découpés à jour, l'archange saint Michel, la tête entourée d'une auréole en émail de Limoges, terrasse l'ennemi du genre humain. Le bénitier était rempli d'une eau bénite, le dernier dimanche, par le chapelain de la sainte chapelle du Vivier. — A l'autre extrémité de l'appartement, notre amée et grande dame, sa majesté Louison, première du nom, ne vit pas sans une vraie joie, une immense aiguière et son bassin de forme ovoïde, à demi rempli d'une eau fraîche. L'aiguière était un chef-d'œuvre. Louison ne se donna pas le temps d'admirer même cet élégant couvercle, cette anse représentant un dragon aux ailes étendues, ces riches arabesques, ce médaillon de Suzanne au bain entre les deux vieillards.

Elle ne vit rien de toutes ces belles choses; la fatigue, la nuit, la poussière, le sommeil, les émotions de la journée, et ce besoin de solitude qui s'empare de l'âme humaine après les tempêtes imprévues, tout la protégeait contre une curiosité qui ne pouvait être satisfaite qu'au grand jour. Cependant elle hésitait, elle songeait, elle allait, à pas comptés, dans ces chambres sombres où la vacillante clarté de son flambeau faisait surgir toutes sortes d'images de rois, de reines, d'évêques, de magistrats, de philosophes, de capitaines ; images tristes, sérieuses, solennelles ; printemps envolés, passions assouvies, grandeurs accomplies ; aurores sous le nuage, lumières sous le boisseau, couronnes d'or changées en épines, grâces et beautés sous la pierre du tombeau. Elle vit confusément ces peintures dans leurs cadres, ces saints dans leurs niches, ces marbres sur leurs piédestaux. Du peu qu'elle vit elle fut éblouie, et ses ablutions faites, dans cette aiguière où des reines s'étaient baignées, sa prière achevée aux pieds de ce Christ où des princes de l'Église s'étaient agenouillés dans leur pourpre, sa robe de voyage changée contre un manteau de nuit, elle monta dans ce vaste lit en velours cramoisi, velours enrichi de galons, de franges et de campanes d'or ; la courte-pointe, d'une étoffe des Indes, était aussi riche que si elle eût été brodée à Saint-Cyr ; une tapisserie de haute lice recouvrait toute la partie de la muraille qui n'était pas remplie par les cadres de tant de portraits où se voyait la suite interrompue, il est vrai, des princes de la maison de Valois et des princes de la maison de Bourbon, de François Ier à Louis le Grand. C'était l'usage, en ce temps-là, que tout gentilhomme qui se respectait possédât le portrait des princes et des princesses de la famille royale. La France ne trouvait rien de plus beau que cette famille de rois qui n'avait pas son égale sous le soleil : « Bonhomme, disait Henri IV à un homme qui ne l'avait pas reconnu, un fidèle sujet doit savoir le visage de son maître ! » On a changé parmi nous tous ces cultes ; le papier peint a remplacé cette longue suite de beautés, de vaillances, de grandeurs, de leçons, d'enseignements, de majestés.

A peine couchée, elle pensait qu'elle allait s'endormir, la pauvre Louison; vain espoir! le sommeil fut long à venir, et, tout éveillée, elle revit un à un les événements de la journée. Elle revint lentement, et sans le vouloir, sur le chemin parcouru en si peu d'instants; elle se vit dès l'aurore, échappant à la boutique obscure, au père grondeur et rabat-joie, et ses lisières coupées le matin même avec les ciseaux d'or de la fantaisie; elle entrevit aussi, mais elle ne fit que l'entrevoir, le jeune voisin qu'elle devait suivre en si grande hâte, le chêne de saint Louis où se fit la première halte, le petit cheval qui s'arrête à l'hôtellerie où leur fuite devient un sujet d'épigrammes, de madrigaux et de chansons. Ce qui l'avait frappée, hélas! plus que l'amour et la passion du jeune homme qu'elle suivait, c'était justement ce château de Chenevierre, cette fortune oisive, cette paresse élégante, ces gais propos, ces folles parures, cette pluie abondante de quolibets et de présents, ces jeunes gens si facilement à ses pieds, ces grandes fortunes qui d'un mot lui étaient offertes, cet officier de la majesté du roi, au-dessus de sa tête, et laissant tomber sur elle, tant de promesses qui se faisaient lire dans ses yeux. Ah! voilà la grande vision de la journée! Elle avait entrevu le luxe, la fortune, le bruit, la fumée et les encens de Versailles, et ces fumées et ces encens montaient à sa tête ambitieuse en passant par son cœur. O danger de ces spectacles de corruptions et de convoitises : elle ne savait plus si elle s'appartenait à elle-même, si elle avait encore son libre arbitre, si M. de Bellegarde ne viendra pas demain pour la reprendre, et si elle ne suivra pas M. de Bellegarde. Était-elle encore Louison? Etait-elle la reine de France? Elle n'eût pas osé répondre, elle savait seulement que son désir était un ordre, son regard une fête, son sourire une espérance. Elle se racontait ces choses-là tout bas, elle se parlait à elle-même comme parle Orphée, en ses trente-neuf poëmes ; en même temps se révélaient à son esprit charmé, tous ces beaux arts, si nouveaux pour elle, et merveilleusement disposés pour troubler la tête et les sens d'une fille ignorante de toutes choses. Il lui semblait, en effet, que ces images qu'elle avait à peine entrevues dans la confusion du premier coup d'œil, descendaient l'une après l'autre de leur niche, de leur trône, de leur piédestal, et lui venaient, l'une après l'autre, souffler mille conseils d'ambition, de vanité et d'orgueil. Le vieux Dante, hors de son cadre, lui récitait quelques stances de son Paradis, plus terrible que ne le serait l'Enfer de l'Arioste ; penché vers Louison, le vieux Titien semblait étudier ce beau visage, qui allait s'endormir dans un sourire ; Bianca Capello, la Vénitienne, lui prêtait son collier d'ambre à deux rangs ; sainte Cécile lui chantait un cantique aux accords de l'orgue invisible ; Pétrarque compose pour elle, un sonnet dont Laure est jalouse ; Marguerite de Valois lui récite un conte d'amour, et lui enseigne comment la tromperie est facile en amour. Ce fut ainsi qu'elle passa en revue ces têtes, ces visages, ces formes, ces ombres à peine entrevues. La belle duchesse de Montbazon lui présente une branche de jasmin : — Gardez ce jasmin, ô *la belle des belles!* pour M. de Rancé qui va venir. Ainsi chaque minute de cette insomnie amenait pour Louison, son enchantement et sa féerie. Ainsi elle voyait, de façon à les reconnaître au réveil, ces peintures des temps d'autrefois, ces cœurs agités de mille passions, ces têtes remplies d'ambitions et de poëmes, ces dieux et ces déesses du plaisir et du pouvoir dans leur *hosannah in excelsis.*

Vous demandez quelle vapeur, sinon le songe, produit ces visions de la nuit? Demandez-le au sixième sens! L'âme éveillée et tout occupée d'elle-même, arrive enfin à cette profonde horreur qu'inspire seule la présence des dieux. On parle des fantômes et des apparitions de l'autre monde! en voilà des fantômes, les fantômes, tels que l'artiste les a vus avec l'œil de son génie. En voilà qui ont vécu d'une vie nouvelle, et qui revivent à certaines heures de poésie et d'extase. Est-ce que vous n'avez jamais vu marcher le portrait de votre père qui est mort? Est-ce que vous n'avez jamais vu sourire l'image de votre mère qui n'est plus? Est-ce que le passé serait absolument muet et silencieux pour vous? Est-ce que ce Musée est un songe, un amas de costumes passés de mode : hermines, perruques, satins; la simarre violette du docteur, la robe de bure et la croix de l'abbesse, l'écharpe rouge du gentilhomme, la cuirasse du capitaine. Élégances, parures, fortunes, beauté, jeunesses, royautés, quoi donc, toutes ces grandeurs ne vivraient qu'un jour ?

Quand les images sérieuses eurent frolé le lit où Louison était couchée, arrivèrent à leur tour, les images riantes, l'ancienne cour du jeune Versailles, les jeunes duchesses du grand siècle, l'ornement le plus précieux de cette majesté de vingt ans : la duchesse de Grammont, Diane chasseresse aux cheveux flottants, l'arc à la main, la cuirasse écaillée et rehaussée d'émeraudes; Laura Mancini en robe de satin rose, la manche relevée à l'avant-bras par un cordon de perles; Henriette de France, qui tient de sa main gantée l'éventail, le vrai sceptre des femmes; la duchesse d'Olonne, une des saintes de Bussy, sous les attributs de sainte Catherine, sa patronne, le bras sur une roue à pointes de fer, en manches courtes et le corsage brodé d'or. Elle-même, mademoiselle de Montpensier, à quinze ans, la main sur la couronne de France, elle vint saluer Louison à son petit coucher; elle y vint aussi, la princesse de Conti, le miracle des belles, en corsage rouge, en sous-jupe verte, la tunique brodée et la chemise relevée à la manche par un cordon de pierreries, et cette charmante figure, entourée de longues boucles de cheveux châtains, le front couvert de petites boucles, la tête ombragée sous une touffe de plumes blanches, elle s'appelait Mademoiselle de Valois ! Et cette autre, si belle encore dans sa tristesse, et ses beaux yeux rougis par les larmes, une rose à la main, la jupe ornée de boutons de diamants, elle fut reine d'Angleterre un instant, jeune fille en la fleur de ses belles grâces, elle s'appelait Marie de Modène ! Au contraire, ces fières Mazarinis, brillantes de la fortune de leur oncle et de leur beauté italienne, elles se montrent dans toute leur splendeur : celle-ci court sous les arbres de la Meilleraie en relevant sa robe bleue ; celle-là, plus semblable à un ange qu'à une femme, se regarde, heureuse, dans le miroir d'un beau lac. On vous a vue aussi en vos riches atours de femme et de poëte, belle comtesse de la Suze, entourée des génies du poëme, et les amours voltigeant dans votre ciel inspiré. A chaque instant s'offrait aux yeux ouverts de Louison, une de ces fleurs du printemps de la France, et tout d'un coup ce musée entier s'abandonne à une bacchanale immense.

Pêle-mêle et confusion de ces beautés, de ces gloires, de ces fortunes! Perles, rubis, diamants, cheveux blonds et chevelure brune, tuniques blanches, écharpes, robes de cour, draperies et guirlandes, épaules nues, corsages et dentelles, guipures, colliers de perles, déshabillés, manteaux bleus couverts des fleurs de lis de la maison de Bourbon; myrtes en fleur, orangers, faveurs, agrafes, gazons, rosiers, bocages, enfants, jardins, nymphes des bois, nymphes des plaines et des eaux, les déesses de là-haut, les divinités d'ici-bas; ici Melpomène, et plus loin Cornélie; Latone en satin blanc, Madeleine la gorge nue; Ariane sous les jasmins, Minerve sous la gaze flottante, et recevant un billet que lui remet un esclave d'Abyssinie; Cérès et sa faucille, Flore et sa corbeille, Euterpe et sa lyre, Terpsichore aux cheveux poudrés, Vénus en paniers, Junon en peignoir.

Elle ne dormait pas, elle se sentait éveillée; elle avait la conscience que tout ceci n'était pas un rêve, elle voyait, elle entendait toute chose dans ce Versailles de la fortune, de la gloire et de l'amour; elle entendait à ses oreilles charmées les accents, les voix, les danses, les poëmes, les musiques, les allégories, les sermons, les oraisons funèbres, les billets doux, les élégies, les bouts-rimés, les histoires galantes, les batailles, les nouvelles, les philosophies, les croyances, les doutes et les murmures de cette société qui marchait à l'abîme en se faisant belle, et en chantant.

Elle-même, Louison, elle chantait, jusqu'à ce que, enfin, éblouie et lassée de contempler ces poussières, et de voir danser ces ombres à son chevet, elle s'endormit. Le sommeil remit toute chose à sa place dans cette tête brûlante, il apaisa cette âme bouleversée, il calma ce cœur agité. — Bonsoir, Louison, bonne nuit, enfant; oubliez ces fortunes, oubliez ces grandeurs, fermez votre âme à ces promesses, à ces vanités, à ces mensonges, et revenez à vos amours.

Eugène, l'oreille basse, avait suivi son ami Hubert dans son grenier; un drap de batiste jeté sur un sommier de paille, eut bien vite composé un lit excellent. Hubert avait déjà repris son sommeil interrompu, que mons Eugène, les yeux tout grands ouverts, aux rayons de la lune, en son plein, soupirait tout bas, et se plaignait en son cœur, d'être condamné au pâle sommeil d'Endymion, lui, Eugène, qui tout à l'heure encore était aussi heureux et aussi fier que Jupiter, dieu des rois et des hommes, quand il emporte la belle Europe, à travers les flots irrités.

CHAPITRE XVI.

LE RÉVEIL DE LOUISON.

Il était grand jour quand Louison se réveilla, reposée, triomphante et fraîche comme la belle déesse de la jeunesse. Les visions de la nuit étaient devenues des réalités, et elle put voir attachées aux murailles, ces beautés du grand siècle qui semblaient encore lui sourire. Une fois de plus elle se demanda, se voyant souveraine, en ce palais des fées, et bercée par les reines d'autrefois, si elle était bien elle-même, la Louison à peine échappée à la *Balance?* Vraiment elle se reconnut, non pas sans un peu de honte d'avoir joué, longtemps, le triste rôle du flambeau sous le boisseau. Donc elle se dit à elle-même : *Louison, bonjour! Bonjour, reine Louison!* et elle s'en fut ouvrir d'une main délibérée, ces grandes fenêtres; ces larges fenêtres prenaient jour sur le balcon, dans ce vaste espace qui se termine à l'avenue, et soudain, avec le soleil du matin, pénétra dans cette chambre réjouie, le premier parfum des fleurs, des plantes et des arbres, mêlé au concert des oiseaux, ces messagers du jour, et au bruissement universel de toutes ces créatures doucement réveillées, sous le brin d'herbe, au sommet des chênes, dans le calice de la fleur; du nid des vautours, à la ruche de l'abeille errante à travers ces vallons lumineux. — Ah! s'écria-t-elle enivrée et ravie, ah! que c'est beau, le soleil, et que c'est grand, le monde! Et son œil fasciné par ces spectacles de la nature éclatante, ne pouvait se détacher de ces eaux, de ces verdures, de ces moissons, de ce beau ciel ! Elle se rappela pourtant qu'il fallait être belle, pour célébrer sa bienvenue sous ces grands arbres, dans ces jardins, sur ces rivages, et elle se mit à sa toilette. Qui se fait belle, prie, et l'élégance, on peut le dire, est la vraie oraison dominicale des belles personnes. Louison le savait, et sans hésiter, elle se para de son mieux. Sans hésiter, ceci soit dit à l'une des louanges de Louison, car si je voulais énumérer, parmi combien d'espèces de coiffures, seulement, elle pouvait choisir sa coiffure, on verrait qu'elle avait quelque mérite à se décider si vite. Il y a deux mille ans, ou peu s'en faut, que Scipion l'Africain, sous le nom de Térence, disait des dames romaines : *Dum comantur annus est*: rien que pour se coiffer, il leur faut une année. Il n'en fallait guère moins, aux dames françaises sous Louis *le Bien-aimé ;* la tête d'une femme était le trône de la mode, et la mode inventait une nouveauté, chaque matin : c'est ainsi que les belles dames de cette galante époque se pouvaient coiffer à la Mirza, à la Saint-Léger, à la Leowi, à la Granville, à l'Augustine, à l'Épernaise, à la Berthelot, à la Jeannot, des Variétés amusantes, à la Napolitaine, à l'Alexandrine, à la Bergère, à la Colinette galante, à l'Anglomane; elles portaient des bonnets à la dormeuse, au galant négligé, à la paysanne, à la Pierrot, à la Gertrude, à la laitière, à la Lyonnaise, à l'enfant, à la Cauchoise. En doutez-vous? il vous suffira d'interroger curieusement, je ne dirai pas les trois mille sept cents coiffures, contenues dans les trente-neuf cahiers des *Coiffures à la mode*, mais seulement le trente-neuvième cahier, contenant seize planches d'estampes, et sur chacune de ces planches six figures, ce qui fait un total de quatre-vingt-seize coiffures, pour ce trente-neuvième cahier seulement; vous comprendrez alors la coiffure au hérisson, à la Valentinois, au désir de plaire, au plaisir de Flore, à la Talestris, au bandeau de Cypris, à l'Eurydice, à la Saint-

Val, à la Cléopâtre, à la Fracastaka, à la
Phryné, à l'enfant d'amour ; oui, et dans ces
modes diverses, qu'un jour enfante et qui
durent une heure, vous rechercherez, si vous
êtes érudit au point de tirer par les cheveux la
grande histoire, pourquoi les dames de Paris
et de Versailles ont porté, tour à tour, leurs
cheveux à la Carilla, à la lévite, à l'Olympiade,
à la Jeannette, à la Jamaïque, à la Grenade, à
la Villers, à l'Iphigénie en Tauride, à l'Iris pèlerine, à la Réthel Mazarin, et même, qui le
croirait? à la Théophile !... une courtisane qui
avait inventé le pouf en mousseline. Nous
avions aussi l'indolente, la redoute chinoise,
la glaneuse, la finette, les clochettes, la mo-
resque, la cascade, la tranquille, la sévère,
l'exigeante, la discrète, la courageuse, la pré-
tentieuse ; et la calèche, et la Thérèse, et la
débâcle, et le parterre galant, et les mille inventions qui se publiaient chez Rapilly, rue
Saint-Jacques, à l'enseigne d'Absalon. Encore
une fois, il faut rendre grâce à notre amie Loui-

son, l'accorte, la galante et la bien peignée, de s'être ajustée et coiffée en un clin d'œil.

Toutefois ce grand miracle nous a paru mériter quelques explications ! La première chose à dire, pour expliquer le sans-gêne de damoiselle Louison, c'est qu'elle était aussi peu avancée dans le grand art de la coquetterie que la bergère Astrée où la bergère Léonide; elle ignorait d'ailleurs que le trente-neuvième *Cahier des coiffures à la mode*, eût vu le jour; à peine si l'on connaissait par ouï-dire, le deuxième cahier dans la rue Saint-Denis, et puis — la grande raison ! — ses cheveux aux sept pointes, étaient si beaux, si longs, si dociles, et si adroits à se distribuer, le plus amoureusement du monde, autour de cette tête bien faite, qu'il n'était pas possible, bonté divine ! sans commettre un crime de lèse-beauté, d'enfouir cette chevelure de Bérénice dans un panier d'abeilles, de la couvrir de quatre plumets flottants, de l'entortiller dans une toile tuyautée et semblable à un jeu d'orgues. A peine si elle posa, sur ce chignon soyeux, un bout de cornette, attaché à une faveur couleur de rose, et la voilà coiffée. — A ses pieds blancs comme neige, sur cette peau de mouton de Sibérie teinte en pourpre, elle chausse, d'un doigt, des mules en satin, et la mule complaisante laissait voir, sans se montrer, au bout de la jupe un peu courte, et que relève une robe entr'ouverte, ce pied charmant. Ainsi vêtue en matin, était-elle assez jolie et mignonne, et semblable à la déesse Iris quand elle apporte une bonne nouvelle aux immortels? Voilà comment cette reine, en robe courte, se montra, du haut de son balcon, à son peuple en deux personnes, qui la contemplait, assis sous l'ombre d'un chêne, sur un banc de gazon. Et notre peuple amoureux, de battre des mains comme s'il eût vu la jeune Dauphine sur son balcon de Versailles! Cette nation, amoureuse de Louison, se composait d'Hubert et d'Eugène, les frères gémeaux, mais levés à la même heure, et qui attendaient, impatients, le petit lever de la déesse... Elle les salua de son plus beau sourire, et de sa plus belle révérence, qui faisait voir, ou (je l'aime autant) qui promettait un beau corps, dans toutes ses proportions élégantes. — Ah! Louison! disait Eugène, qui la voyait par les yeux pénétrants de l'amour, voilà une journée qui me coûtera bien des prières. Descendez! — Descends-tu, ou je monte, reprenait-il, en faisant la grosse voix!

— Ah! Madame, disait Hubert, si vous faites un pas de plus, vous allez tout brûler. Puis avec un beau geste, et s'adressant au petit Eugène : — « Berger Lycidas, lui dit-il, regardez cette bergère comme elle est belle et proprement vêtue! Ses cheveux flottent en liberté sur ses épaules, mille petits amours y tendent leurs lacs, mais les zéphyrs jaloux s'efforcent de les chasser. Aussi voyez-vous que quelques-uns sont emportés par violence, et d'autres se tiennent aux nœuds qu'ils ont faits, que d'autres enfin essayent d'y revenir, mais leurs ailes sont encore trop faibles pour résister à la piquante haleine du matin.

« Plus hardis et plus forts que les zéphyrs qui voltigent autour de cette belle, arrivent à leur suite, les amours, race folâtre. En voici un qui mesure les sourcils de la bergère, il veut donner à son arc cette courbe heureuse ; un autre va chercher ses traits dans ces yeux brillants, un autre sa grâce dans ce sourire. »

Ainsi parlait Hubert ; il avait lu récemment *l'Astrée*, et il l'employait dans son discours. C'était un drôle de corps, et ce n'est pas de lui, non, que la nymphe Cyrcène aurait pu dire : « Chevalier de la Sirène, qu'est devenue votre écharpe ? » Il eût répondu à coup sûr : « Belle Cyrcène, j'ai donné mon écharpe à Cloriane, par amour pour vous. »

Et comme la dame hésitait à répondre à ces galanteries du pays de Forez, « la plus délicieuse des contrées que renferme la Gaule, » y compris la Brie, il lui récitait des vers du berger fidèle :

> Quand je vis ces bergers, nos superbes vainqueurs,
> Soudain je m'y soumis comme aux rois de nos cœurs,
> Pensant que la rigueur en dut être bannie.
> Mais depuis, épuisant toute leur cruauté,
> Je crus qu'éterniser en nous la jalousie
> Ce n'était pas amour, mais plutôt lâcheté!

Il ne lui manquait plus, pour être tout à fait dans son rôle, qu'à pousser de gros soupirs et à tracer le chiffre *L. H.* sur le sable, du bout de sa houlette. Eugène cependant le regardait avec une grande attention, et s'étonnait qu'Hubert fût plus hardi et mieux parlant, auprès de sa maîtresse, qu'il ne l'était lui-même, lui qui l'avait enlevée et conduite en ces lieux! Elle aussi, du haut de son balcon, elle trouvait étrange, et c'était tout, ce berger du Lignon qui suspendait, de si bon matin, ses fraîches guirlandes au balcon de la déesse Astrée :

> Plus digne de nos vœux que nos vœux ne sont d'elle,

et elle ne savait que répondre à ce berger qui saluait, si familièrement, une dame comme elle, entourée de tant de princes, de princesses, de seigneurs.

Bergers hardis jusqu'à l'insolence, à moins, disait-elle, que celui-ci ne soit M. de Lauzun déguisé en chevrier, et celui-là M. de Riom sous les apparences d'un clerc de procureur! Peu s'en fallut qu'elle ne leur demandât : Qui êtes-vous? tant il lui semblait qu'elle était rentrée, en effet, dans la pleine et entière possession du château de ses ancêtres, les seigneurs de Trésigny, et de ses domaines héréditaires. De ces splendeurs inconnues, de cette fortune au dedans, de cette nature au dehors, elle ne pouvait rassasier ni son âme, ni son regard. Jamais le ciel ne lui était apparu dans cette majesté aérienne; jamais l'espace ne s'était montré à ses yeux, plus vivement coloré et agrandi par les premières passions de son âme et par les premiers feux du jour. Hubert, qui était un gros réjoui, plus disposé à faire rire les fillettes sur le gazon, qu'à les adorer sur leurs autels, laissa celle-ci rêver un instant, même il accompagnait sa rêverie en sifflant : *Lison dormait dans un bocage*, et pour le reste vous savez la chanson d'Hylas et de Philis :

> Quand Hylas aperçut Philis :
> — C'est fait, dit-il, Hylas est pris!

Puis, tout d'un coup, et sans rien dire, et sans refermer la fenêtre, on la vit qui traversait en courant son salon, sa chambre, et son autre salon, et le petit salon, et le vestibule, et en toute hâte, et quatre à quatre elle descendit l'escalier, c'était comme si le diable l'emportait. Et cela fait, elle n'était ni Philis, ni duchesse, ni Montbazon, ni Berry, ni Fontanges, ni Cloriane, elle était bel et bien Louison, et elle jeta, du même transport, sa belle tête au cou d'Eugène, sa belle main, dans la main d'Hubert !

Disons-le hardiment, quand bien même on nous trouverait prosaïque ! si Louisette aux bras blancs, était revenue si vite à des sentiments meilleurs, si elle s'était arrachée, en si grande hâte, à la louange de sa beauté, à la contemplation de sa fortune, et si, quatre à quatre, elle avait descendu les marches de son escalier royal, qui la mettait de niveau avec ces deux mortels, elle-même entourée de tant de reines et de tant de princesses de sa maison, c'est que..... voilà la chose : Louison avait grand faim, et la faim venait de rappeler, soudain, à notre duchesse des grands appartements, qu'elle était une simple mortelle. Le déjeuner de la veille, à deux heures, aux pieds du château de Chenevierre, était certes un des meilleurs, mais aussi un des plus légers repas que notre fugitive eût faits en toute sa vie. Aussi bien fallait-il compter comme un labeur, la lutte qu'elle avait soutenue, à elle toute seule, contre les beaux-esprits du baron de Chenevierre; tant de beaux messieurs et tant de belles dames acharnés à sa poursuite, il y avait de quoi avancer l'heure du dîner. Or on avait brûlé l'heure du dîner, et nos deux amoureux avaient marché, sans en demander davantage, à travers ces campagnes inconnues et ces buissons qu'ils avaient franchis à main armée. En voilà certes plus qu'il n'en fallait pour mériter un bon souper..... Pas de souper ! On s'était couché en vrais mendiants, l'enthousiasme de la journée avait suffi à toutes choses. Qui dort dîne, et Louison avait dîné... des magnificences de sa chambre à coucher. Tant de chefs-d'œuvre sur les murailles! tant de petites et de grandes passions sur ces toiles des grands peintres, et pas un morceau de sucre au fond de ces tasses en porcelaine aux armes du roi de France! Et pourtant la belle dame s'était endormie, et même à son réveil, au milieu de l'été réveillé, à la senteur des vergers, pleins de fruits, que mûrit le soleil, les touchant à peine de son rayon doré, Louison avait oublié sa grande faim de la veille, et c'était tout ce qu'elle pouvait faire, en vérité, car sa toilette achevée, et après les premières cajoleries de son hôte et de son amant, elle se sentit prise d'un tel redoublement d'appétit qu'elle fut tentée d'appeler à son aide! Et voilà pourquoi elle se hâtait d'arriver afin de ne pas faire attendre le bon repas qui sans doute l'attendait.

A son grand étonnement, Hubert, qui lui disait tant de belles choses, ne lui parla pas de déjeuner. Il la regardait, de façon à lui prouver qu'il la trouvait belle, et c'était tout ce qu'il avait à lui dire. Eugène, de son côté, ne disait rien, mais il avait autant de motifs que Loison elle-même pour prêter une oreille attentive à la cloche de la salle à manger, et la cloche ne sonnait pas! A quoi donc pensez-vous, monsieur Hubert?

Ah! ce n'est pas ainsi que Manlius recevait dans sa maison hospitalière son ami Catulle, lorsque le poëte y menait une maîtresse adorée! « O Muses! disait le poëte, je ne vous tairai pas les marques d'amitié que j'ai reçues de Manlius. Les siècles futurs le sauront, et jamais l'araignée ne couvrira de sa toile légère le nom honoré de mon ami! »

« J'ai été longtemps ta victime, ô Vénus! j'ai brûlé d'autant de feux que le volcan de

Sicile, et pareille au limpide ruisseau où se désaltère le voyageur brûlé du soleil, s'est ouverte pour moi la maison de Manlius !

« Il est venu au-devant de Délie, il a prêté sa maison à nos mutuelles amours. Je te vais célébrer dans mes vers, asile charmant où ma déesse a porté ses pas légers, seuil hospitalier que ses pieds ravissants ont franchi. A peine, tant elle était légère, si l'on entendait le craquement de ses souliers !

« Une autre fois, Laodamie entra dans la demeure de Protésilas, à l'heure où le rapt d'Hélène appelait aux armes l'élite de la Grèce. Elle était semblable à Laodamie, ma maîtresse ! autour d'elle voltigeait l'amour étincelant sous sa tunique aux reflets d'or. Pour la mieux recevoir, Manlius avait embaumé sa demeure des parfums de l'Assyrie, il avait débouché sa plus vieille amphore, il avait dévasté ses réservoirs et ses jardins. — Sois donc béni, cher asile de nos amours ! »

Ainsi quelque chose de pareil à la chanson

de Catulle s'agitait dans l'âme du jeune Hubert. Il comprenait les devoirs de l'hospitalité, autant qu'on les pouvait comprendre, et il n'eût pas mieux demandé que de les remplir. Des hôtes si charmants! un ami se tendre! une fille si jolie et si jeune! — Et comment s'y prendre, en effet, pour leur expliquer que dans cette antique demeure des rois de France, au milieu de ce luxe et de cette fortune princière, entre ces grandes terres si fécondes, et sous ce toit si riche, rien n'est plus difficile à Manlius que de trouver le déjeuner de Catulle et de Délie, sinon de leur donner de quoi dîner!

Voilà pourquoi le jeune Hubert ne touche mot à Louison de cette question appétissante qui était grosse de privations et de tempêtes, et si quelqu'un s'en inquiétait, ce fut Louison elle-même; elle allait, elle venait dans le pavillon habité par les deux amis, cherchant et furetant dans ce pavillon de la famine. En vain elle interrogea le buffet, le garde-manger, la cuisine, et même la huche au pain : buffet vide, garde-manger délabré, cuisine froide, huche affamée. Elle parcourut la basse-cour, le jardin, le potager : dans la basse-cour, quelques poules étiques cherchaient leur vie à travers la paille épuisée ; au jardin, quelques laitues montées en graine ; dans le verger, des fruits verts... à peine quelques œufs de la semaine passée, oubliés dans le poulailler.

Plus elle allait, et plus elle sentait grandir son appétit et son inquiétude. Eugène regardait cette belle affamée avec une pitié toujours croissante, et Louison regardait Eugène avec terreur. Elle avait entendu parler de la *Tour de la faim*, et elle ne voulait pas être traitée comme le duc de Mantoue a traité son frère Ugolin ! Hubert, qui comprenait le malaise de ses amis, les laissait aller et venir ; il se tenait immobile et silencieux sur un tertre de gazon, et il regardait, par le chemin qui mène à la ville pour savoir s'il ne voyait rien venir.

Rien ne venait, ô Catulle ! ô Délie ! ô Manlius !

Hubert alors, voyant que l'inquiétude de ses hôtes était portée à son comble, prit un parti désespéré : — Mes enfants, leur dit-il d'une voix solennelle et triste, il faut être franc et loyal avec vous, vous êtes tombés dans un guêpier, et il est temps que vous sachiez dans quel mauvais gîte vous a conduits votre bonne étoile. Nous avons ici le superflu, c'est vrai, mais le nécessaire, on vous le souhaite ! Nous avons des couteaux à manches d'ivoire, sculptés à jour, et pas un poulet à découper; des coupes en émail et pas de vin ; des cuillers en agate orientale, et pas une seule confiture ; nous avons des plats de terre cuite qui valent mieux que l'argent, et dans nos plats je ne puis vous servir que l'*Énéide*, l'*Odyssée*, les *Quatre saisons* et les *Quatre parties du jour*. — Ah ! la triste hôtellerie, et si j'avais pu prévoir votre visite que j'aime et dont je suis bien heureux, tout pauvre que vous me voyez, j'aurais fait écrire au-dessous des armoiries de notre maison :

Ci-gît Robin de la vallée,
Ni pot au feu, ni écuelle lavée.

Pas de feu, pas de pot et pas de bœuf, à peine une vieille poule qui m'a vu naître, et qui coquetait à mon berceau. On me donne pour tout potage, et pour faire le garçon toute l'année, cent dix-neuf livres dix sols; ce qui fait, ou peu s'en faut, six sous par jour; je suis donc bel et bien un grand seigneur de six sous par jour, plus un pain de seigle par semaine, et Dieu soit loué, battez des mains! votre fortune a voulu que nous soyons aujourd'hui même, au jour du pain frais ; seulement j'attends la grande Denise qui d'habitude me l'apporte elle-même, avec une galette de beurre et parfois quelques victuailles par-dessus le marché. Hélas! mes chers amis, voilà toute ma fortune, et voilà la première fois que je m'afflige d'être un si petit compagnon. Oh! Jupiter-*Pistor;* Jupiter-boulanger ! que je suis contrarié en ce moment; quand je devrais tuer le faucon pour vous recevoir dignement Madame Louise !

il se trouve que je n'ai même pas un aloyau. Plaignez-moi ! si j'avais eu seulement à mon service une fricassée de poulets, une tourte de pigeonneaux, un dindon accompagné d'une salade, vous et moi nous aurions pris patience, mais qu'y faire ! Il faudra vous dire heureux si nous pouvons déjeuner d'une jatte de lait et d'un œuf dur.

Il disait sa complainte d'un air moitié riant et moitié plaintif; on voyait que pour lui-même il s'inquiétait peu de cette famine, il s'en inquiétait pour Louison. La belle fille, attentive et curieuse, ouvrait de grands yeux, à demi-triste, à demi-gaie; elle comprenait enfin à ses dépens, la cruauté de ce joli proverbe : *Dîner par cœur !*

CHAPITRE XVII.

DENISE.

Leurs inquiétudes, leur appétit et leur gaîté allaient bon train, et ils justifiaient de leur mieux la maxime : qui s'amuse dîne, lorsqu'au bout du jardin où ils se promenaient, en ce moment, cherchant leur vie entre le réséda et la laitue, entre l'œillet et la chicorée, ils entendirent, au détour du sentier, derrière l'épais buisson chargé de mûres que protége le fossé, une voix d'un timbre alerte et joyeux. La voix fredonnait, sur l'air de J.-J. Rousseau : *Dans ma cabane obscure*, une chanson nouvelle que M. le duc de Nivernais avait improvisée au dernier bal de l'Opéra, en l'honneur de madame de Bussy qui s'était déguisée en *boulangère*, en boulangère qui a bien des amants, bien des diamants et bien des écus; or, voici comment traitait la poésie cet illustre monsieur Louis-Jules-Bardoni-Mancini, duc de Nivernais, ministre d'État, pair de France, brigadier des armées du roi, chevalier de ses ordres, grand d'Espagne de la première classe, et membre né (cela peut se dire aussi) de l'Académie française, où il avait daigné accepter le fauteuil d'un nommé Massillon :

Charmante boulangère.....

Vous saurez que la voix qui chantait ainsi, au détour du chemin, était la voix d'une fille qui était belle peut-être, et jeune à coup sûr. Cette belle fille, disons-le tout de suite, était montée sur un âne de la tribu de Jaïr, le vénérable patriarche, un des guides du peuple hébreu, dont les cinquante fils étaient montés sur cinquante ânons qui avaient pour aïeule l'ânesse même de Balaam. L'origine était illustre, à coup sûr, et l'âne se sentait, en sa solennité, des grandeurs de sa maison. Il allait donc, la tête haute, plus souvent au pas qu'au petit trot, d'abord parce que tel était son bon plaisir, et ensuite, aujourd'hui même, par exemple, parce qu'il était chargé, dans ses deux paniers, de toutes sortes de choses précieuses, sans compter qu'il portait cette belle chanteuse, semblable à une grande figure, bel et bien taillée en beau marbre, où l'art le dispute en vain à la nature. Ah! Denise, que vous étiez belle, sur cette bête docile et bien aise qui marchait au gré de votre cadence, et quelle flamme noire jetaient sur vos pas, ces deux volcans bruns, tout animés de l'orgueil du triomphe d'hier, et de la victoire certaine d'aujourd'hui! Elle vous avait, pour chanter si bien, une bouche vermeille, façonnée à ravir, et mieux faite au rire franc et décidé, qu'au sourire étudié des petites-maîtresses. Elle allait, comme va la jeunesse, en ses voies légitimes, seule avec sa pensée, et ne songeant guère à se donner de plus grands airs, un teint plus frais, des grâces plus nobles; —telle je suis, et telle me voici; Mon âge : vingt ans! et mon nom : la beauté!

Elle chantait donc d'une voix éclatante et rieuse, l'ode improvisée au bal masqué, par ce duc et pair, dans le giron soyeux de cette comtesse. Ah! l'hymne valait la déesse, et la déesse était digne du temple, et le temple digne de ces fleurs et de ces parfums :

> Charmante boulangère
> Qui, des dons de Cérès,
> Sais d'une main légère
> Nous faire du pain frais;
> Des biens que tu nous livres
> Pourquoi nous réjouir?
> Ah! quand tu nous fais vivre,
> Tes beaux yeux font mourir!

Ici elle fit une pause et reprit haleine, avant d'arriver au second couplet; ce deuxième couplet vaut le premier, tout au moins ; rappelez-vous cependant que celui *qui a fait cette chanson* appartenait aux Spinolas par sa mère, aux ducs de Nevers par son père. On l'avait dressé avec le plus grand soin au collége Duplessis ; on l'avait marié, à quinze ans, à une fille élevée dans l'exercice de la plus fervente piété, mademoiselle Hélène Phelippeaux de Pontchartrain ! Que de motifs pour ne pas écrire le deuxième couplet de cette chanson !

> De ta peau blanche et fine
> J'admire la fraîcheur ;
> C'est la fleur de farine
> Dans toute sa blancheur.
> Que j'aime la tournure
> Des petits pains au lait,
> Que la belle nature
> A mis dans ton corset !

Que d'esprit, de grâce et d'élégance il avait en partage, ce successeur de Massillon ! Aussi bien quand il eut fait ce deuxième couplet, la cour de France imagina d'envoyer le poëte, à Rome, en qualité d'ambassadeur auprès du Saint-Siége ! A Rome, l'auteur des petits pains blancs rendit le pain bénit en l'église de Saint-Louis sa paroisse, et ce fut à Saint-Pierre même, sous les foudres du Vatican, que fut improvisé le troisième couplet que chantait la grande Denise, en frôlant la haie et le fossé du château :

>D'une si bonne pâte
>Ton cœur semble pétri ;
>De nos mains, belle Agathe,
>Que n'est-il attendri !
>Ne sois plus si sévère ;
>Écoute enfin l'amour,
>Et permets-lui, ma chère,
>D'aller cuire à ton four !

Le succès de ce troisième couplet fut si grand dans le sacré collége, que l'on entendait les princes de l'Église chanter tout le long du jour : « *Écoute enfin l'amour, et permets-lui, ma chère...* et tout le reste ! On n'avait pas vu, dans Rome, des couplets réussir autant que ceux-là, depuis le jour où fut envoyé, du fond des cachots de l'inquisition d'Espagne, le *Dies iræ, dies illa !* C'était une fureur, une rage, et pour calmer quelque peu nos seigneurs les cardinaux, la

France envoya son poëte au roi de Prusse, à Berlin, où se trouvaient plus de baïonnettes que de chansons, en dépit de la fureur du grand Frédéric à tout rimer.

Cette voix qui chantait si bien, produisit plus d'effet sur l'âme et sur les yeux du châtelain Hubert Laumont, que toutes les ariettes de la comédie italienne, chantées par le petit Trial, le beau Clairval, la divine Laruette, l'admirable Colombe, et la merveilleuse Boulli. Ni M. Favart, ni M. Duché, ni M. Grétry, n'avaient tenu leur auditoire à ce point attentif.

—Chut! dit Hubert, marchant à pas de loup et portant son doigt à sa lèvre ombragée à demi du fin duvet de la pêche de vigne, chut! prenons garde que l'oiseau ne s'envole. Voici heureusement ma provende accoutumée, et si nous sommes adroits, je vous promets une noce de huit jours. Entendez-vous cette chanson, c'est Denise qui chante; il nous faut maintenant gagner la maison en toute hâte, afin de surprendre la belle au débotté. Suivez-moi d'un peu loin, d'un pas léger, puis quand vous verrez Denise entrer dans la cour, paraissez brusquement, si vous ne voulez pas que le dîner se sauve au galop.

Ainsi il parlait, et lui-même, en cette pipée, il suivait de son pied léger, la chanteuse rustique, à cheval sur cet âne digne de servir de modèle à M. Oury, peintre d'animaux, qui eût placé l'âne au château de Choisi, entre deux beautés de la cour. Denise, la belle Denise, comme on disait dans tout le canton, était une fille aussi bien faite qu'il y en eût à dix lieues à la ronde; la belle humeur et la gaieté étaient au premier rang des attributs de cette divinité champêtre, digne des bergers de Chaldée; elle portait le jour sur son visage, la nuit dans ses yeux; elle portait dans les paniers de son âne toutes les provisions du château. A demi cachée et révélée à demi par la haie, ici vive et morte plus loin, on la voyait par éclaircie; on voyait tantôt son beau visage, et tantôt son joli pied; la robe courte, un peu bouffante et panachée de flammes bleues, montrait un coin de sa jupe cramoisie, et la jupe même, à travers quelques plis trop relevés, laissait entrevoir, ô vision! au bout d'un bas de coton bien tiré, une jarretière soie et argent, avec une devise, à coup sûr; oui, et même Eugène, expert à déchiffrer les pattes de mouche de son patron le procureur, serait parvenu bien vite à lire tout couramment, l'inscription galante de cette jambe bien tournée, si la belle Louison n'eût pas interrompu méchamment le cours de ces grandes études, en plaçant sa belle main jalouse sur les yeux de son amant.

La fille errante et chantante, qui se croyait bien abritée par ce feuillage et ces épines, achevait son chemin et sa chanson :

> Elle avait mis en nœud sa longue chevelure;
> La jonquille à ces nœuds ajoutait sa parure,
> Elle est jeune, très-brune, et sans doute l'emploi
> De cueillir cette fleur ne revenait qu'à moi.

Que dites-vous de ces quatre vers? Hubert les a faits plus tard, sans être duc et pair, et membre de l'Académie, à l'heure des regrets, lorsque l'on compte, en grommelant, toutes les belles choses qu'on a perdues. Ce jour-là, Hubert courait plus vite que l'âne, c'est-à-dire qu'il allait trop vite. Il ne vit pas, l'ingrat, comme on s'attendait à le surprendre, à le trouver seul, à dîner en tête-à-tête avec lui. Elle portait au cou une croix d'argent qu'Hubert lui avait donnée, attachée à un velours noir, et sur son corset de basin s'attachait, à une épingle d'or, un fichu de mousseline à grandes fleurs blanches et roses ; ô le beau fichu ! doublé de ces belles couleurs bondissantes, et dans ce *va! et viens!* de la vie et de la jeunesse, le rose devenait blanc, le blanc prenait la teinte rose ; et le moyen de penser, ainsi belle et parée, et dans ce bel âge où l'on court librement la libre campagne, que cet abominable Hubert ne sera pas seul au château, un lundi, le jour charmant des joues brûlantes et du pain frais !

C'était Denise, en effet, la fille unique du

gros Thomas Passedroit, paysan madré et cossu, qui avait la charge de ravitailler, tous les huit jours, le château de Fontenay ; à défaut du gros Thomas, sa fille, la grande Denise, s'en acquittait avec un zèle qui dépassait de beaucoup les prévoyances de son père, et une charité qui faisait le plus grand honneur à la bonté de son âme. — Ce pauvre Hubert ! se disait-elle, rien que du pain, et elle ajoutait à ce pain sec, tout ce que peut ajouter une belle fermière, absolue maîtresse d'une ferme importante, et dans le bel âge où d'ordinaire une fille n'a pas peur d'un mari. Du reste elle savait qu'elle était belle et riche, et très-recherchée, elle savait qu'elle aimait son compère Hubert, et elle pensait modestement que le beau châtelain se laisserait conduire en laisse aux pieds du curé de la paroisse. Une coquette de l'île de Crète n'eût pas mieux raisonné ; une des filles d'Agrigente, où Zeuxis a trouvé ses modèles, n'eût pas été plus sûre de son fait et de sa beauté !

Elle arriva, trottant menu, au vaste perron, juste au moment où mons Hubert lui chantait le quatrième couplet de la chanson de ce même duc de Nivernais qui manqua, d'une voix la dignité de gouverneur de M. le Dauphin (celui-là certes pouvait bien remplacer Fénelon et Bossuet, qui avait remplacé Massillon!)

Vous perdez patience, eh bien, le voici! le voici! le dernier couplet de la *Boulangère*, tel que vous pourrez le retrouver en le cherchant bien, dans un des huit tomes in-8° des *Oeuvres de Nivernais*, ornés du portrait de l'auteur par Saint-Aubin :

>De tes pains, ma mignonne,
>L'amour a toujours faim;
>Si tu ne les lui donne,
>Permets-en le larcin.
>Tu ne veux rien entendre,
>Tu ris de moi, hélas!
>Quand on vend du pain tendre
>Peut-on ne l'être pas?

Peut-on ne l'être pas! Elle sourit, et — la coquette! elle fit semblant — l'intrigante! d'avoir peur de descendre seule — la politique ! de cette bête qui était douce comme un mouton — la câline ! Donc elle tendit ses deux mains, comme pour implorer l'aide et l'appui de M. Hubert — la scélérate !... Hubert, bon compagnon, lui prêta son bras gauche et son épaule droite, et lui donnant un gros baiser sur la joue à découvert : — Soyez, lui dit-il, la trois fois bien venue, ô Notre-Dame de Liesse, et la bien fêtée, on n'a jamais eu tant de hâte de vous voir.

— Gourmand ! reprit Denise en tendant l'autre joue, on dirait que vous avez flairé mon panier. D'abord voici votre pain quotidien pour huit jours, bien qu'il soit écrit dans le *Pater* : « Donnez-nous, aujourd'hui, notre pain quotidien ! » Mais votre père d'ici-bas, est plus dur que notre Père de là-haut : « Notre Père qui êtes aux cieux ! » Heureusement que j'y ai mis bon ordre. Flairez-moi, par exemple, cette galette de fine fleur de farine ; je l'ai pétrie moi-même, de ma main blanche, avec du beurre frais, battu le matin, par moi pour vous. On vous apporte aussi des fruits de nos arbres, des œufs de nos poulettes, car, tout seigneur châtelain que vous êtes, vous n'avez que des sauvageons dans vos vergers, et des douairières déplumées dans votre basse-cour. Regardez-moi ce jambon-ci, monseigneur; a-t-il bonne mine? est-il appétissant et cuit à point? Eh bien, c'est ma bonne tante Faverge, la crème des femmes, qui me voyant passer devant sa porte et si matin : — Petite fille, m'a-t-elle dit, comment va notre frère? — Bien, ma tante, et vous ma tante? — Et moi aussi. Fais-moi un plaisir, veux-tu?—Oui, ma tante. — Voici un jambon que j'ai fait cuire au vin blanc dans une couche de thym, de serpolet et de bonnes herbes, porte-le à ton père. — Oui, ma tante. — De la part de sa sœur Fanchon. — Oui, ma tante. — Et dis-lui que j'en irai manger ma part. — Oui, ma tante. — Dimanche prochain, au sortir de la grand'messe. — Oui, ma tante. — Et prends pour toi-même ces

six belles pommes de rainette un peu fanées.
— Oui, ma tante. — Dame, mon enfant, elles ont été fraîches comme toi, elles sont ridées comme moi à cette heure, elles sont bonnes cependant. Ce qui prouve qu'il faut être sage étant jeune, pour avoir encore son prix étant vieille. — Oui, ma tante.

—Et je suis partie, et voilà le jambon, monsieur le goulu, et je ferai comme je pourrai faire, dimanche prochain. Enfin, monsieur, vous aurez pour votre dessert, ce grand pot de lait chaud, tout fin couvert de belles fraises ramassées dans vos bois, paresseux! Allons, çà, pourquoi ouvrir ces grands yeux? mettons-nous à table, vous me regarderez tout à votre aise, et commençons par mettre le couvert sous le chèvre-feuille. Elle parlait, elle agissait, car jamais ne s'est rencontrée, sous le soleil de la Brie, une fille plus agissante et mieux emparlée; elle était si heureuse et si contente de ce ménage d'amour! Elle avait donné sa liberté au grison; elle étendait la nappe sur la table de pierre, elle plaçait en bel ordre le pain, le jambon, le lait, les fraises ; elle mettait deux couverts, rien que deux couverts, non pas en cérémonie, en symétrie et vis-à-vis l'un de l'autre, (la table ronde était un peu grande), mais, but à but, et de façon que les deux verres se choquaient à l'avance, comme pour une santé. Hubert, la contemplant, la laissait faire. Elle était comme toutes les femmes heureuses, tranquille au dehors, émue au dedans; elle écoutait tout bas, cette voix qui nous chante, en nos rapides années, tant d'espérances et de promesses ; elle avait, répandu autour de sa personne, cet air de grâce sans gêne et d'enjouement sans peur que donne si bien et si complétement la première jeunesse, et qui est le grand point en amour. On eût dit la *gouvernante* de La Chaussée, ou la princesse Pamphile déguisée en bergère, et gardant ses moutons poudrés à la maréchale, sur les bords du lac de Sorrente. Son esprit répondait à son air; ne me croyez pas si vous ne voulez me croire, elle était plus belle que votre seconde maîtresse ! C'est une vérité, et pour quelques incrédules qui se rencontrent en ce bas monde, on ne peut pas supprimer la vérité.

Elle était fraîche et sanguine, elle avait l'esprit railleur et plaisant, l'épouse de Petrucchio, quand il plaira à Petrucchio de revenir pour l'épouser, n'était pas plus alerte et plus vive.

> Pulchra, procax, petulante manu.

eût dit Ausone, l'évêque, un bel esprit qui faisait des épigrammes latines, comme le duc de Nivernais des chansons françaises.

Elle rappelait aussi, dans son enthousiasme et sa fougue :

> Celle de qui le nom par Charis se commence
> Et finit en Cléos.

Elle était vraie à contentement, et le contentement qui rayonnait dans ses yeux eût suffi à rendre la joie aux âmes les plus malades, comme on dit que c'est la fortune du petit oiseau appelé *loriot* qui se nourrit de la graine de *l'eryngium odorans*. Je l'entends d'ici, cette guerrière :

> Diesque noctesque ames me, me desideres,
> Me somnies, me expectes, et me cogites,
> Me speres.

Elle disait bien d'autres choses dans le patois fleuri de ses beaux yeux !

Je la vois d'ici, cette attachante jalouse, elle commande, il faut obéir ! Elle dit : *Je veux !* ce qu'elle dit est bien dit; elle est la volonté même; elle ressemble à la *Psyché* de Fontenelle et à la *Médée* de Pellegrin. Elle était charmante à voir, au niveau du sol, en simple mortelle. On eût dit mademoiselle Allard ou mademoiselle Dorvieux, dans la *Vénitienne* de Dauvergne ou l'*Aurore* de Campra.

Dans le tête-à-tête, et sur la terre ferme, disparaissait quelque peu, l'*Aurore*, l'*Omphale*, la *Péri* ou la *Polyxène;* elle n'était plus qu'une femme,... une femme élégante et bien tournée. Elle vous avait (où l'avait-elle trouvé ?

elle n'avait jamais vu ni mademoiselle Fleury, ni mademoiselle Quinault, ni mademoiselle Dangeville) ce petit ton hautain et goguenard, mêlé de sérieux et de bon enfant, fait pour une belle personne qui n'obéit qu'à son propre cœur : si ses yeux étaient parfois durs et hautains, son regard était d'ordinaire prévenant et tendre; si sa main était un peu la main d'une faneuse, en plein champ, armée du râteau, son bras était le bras d'une muse qui tient la lyre au sommet de l'Hélicon. Figurez-vous une reine en ses jardins, une fille de Smyrne ou de l'île de Chypre, à peine sortie des flots de la mer Égée, et ses deux pieds dans les sandales de Vénus Aphrodite. En voilà une, certes, qui sait bien ce qu'elle vaut; elle n'est pas née veuve, et elle ne tient pas la clef des amours pour coucher à la belle étoile !... elle s'avançait dans une traînée lumineuse de pivoines verdoyantes, et l'on eût dit que ces pivoines la suivaient à la trace ! Cette beauté eût certainement mis en défi les plus grands peintres : Corrége, le Lombard, Andrea, le Toscan.

Elle connaissait la maison aussi bien que la maison paternelle ; elle y était un peu plus que chez elle ; elle agissait en reine et en servante, et sur cette nappe blanche elle plaçait, au hasard, avec un goût charmant, les terres les plus riches, et la vaisselle la plus simple, des assiettes achetées à la foire de Brie-Comte-Robert, et des poteries qui eussent fait l'orgueil du cabinet de M. Lalive de Juli, du baron de Thiers et du duc de Choiseul. Hubert la laissait faire, la suivant à la trace, et cherchant en lui-même un moyen ne pas attrister cette fête des *Audiences de Cythère*, pastorale, de M. François Mussot Arnoult de Besançon, en Franche-Comté.

Quand tout fut posé sur la table de *Finfin et Lisette* (c'est un opéra de Delantel), quand Propreté et Flore à l'haleine d'ambre,

<blockquote>
Puis Bacchus et Cérès de qui la compagnie
Nous mettent en train bien souvent,
</blockquote>

eurent fait les apprêts du régal, le vin débouché et rafraîchi dans le seau retiré du puits :

— Pourquoi, dit Hubert à Denise qui le regarde en fronçant ses deux sourcils de Jupiter tonnant, pourquoi ne mettrions-nous pas, ici même, un troisième couvert? Est-ce qu'un mien ami vous ferait peur? Est-ce que vous ne seriez pas hospitalière pour un frère à moi... un beau-frère, ma Denise! Il dit si bien ce mot-là : *un beau-frère!* qu'elle rentra volontiers dans le pavillon, et elle revint, balançant au-dessus de sa tête boudeuse, une assiette de village, gagnée à la loterie, et sur ce morceau de la céramique à six sous, on pouvait lire en majuscules, ce dicton goguenard :

Méfiez-vous d'un troisième
S'il n'amène sa quatrième.

— Voilà l'assiette, dit-elle, elle a plus d'esprit que vous; lisez! » Hubert, en effet, épela le distique. — Oh! dit-il, la bonne aventure, et cette assiette de terre parle d'or, en effet, car justement ce *troisième* a amené un *quatrième ;* encore un couvert, ma petite Denise, il ne faut pas séparer ce que l'assiette a réuni.

— Un quatrième? dit-elle, l'assiette dit : *une* quatrième... Et levant l'épaule, mais une épaule moins irritée, elle s'en fut chercher un dernier couvert. Sur cette assiette, un poëte lauréat de l'université d'Asnières avait écrit ce joli passage anacréontique et gourmand :

<blockquote>
Honnête fille et bon vivant
Rendent l'hôte bien content.
</blockquote>

Et de rire. Et voyez l'influence de la poésie ! Denise eût pleuré, si le dicton eût été de moins bonne composition. Il est inutile de vous dire que ces quatre couverts furent placés (non pas sans un grand soupir de regret) en grande cérémonie, à une distance respectueuse l'un de l'autre, et qu'à dater de ce moment, la belle Denise n'eut plus ni faim ni soif.

A peine le dernier verre était posé sur la

table, arrivèrent, *par hasard*, Eugène et Louison ; Eugène s'arrêta, sans mot dire, en voyant cette petite fille de belle mine qui faisait ces petites choses d'un si grand air. Louison, maîtresse d'elle-même, fit à la belle Denise une de ces révérences de cour que lui avait enseignées, en vingt cachets, son maître à danser, monsieur Léonard, Léonard aux pieds légers, que le dieu Vestris, le *diou* de la danse, avouait, parfois, pour son élève. Léonard était le professeur des grâces bourgeoises ; Vestris s'était réservé exclusivement les reines, les duchesses, les fermières-générales, toutes les femmes de grande qualité, d'une grosse naissance ou d'une grosse fortune. — Un des proverbes qui ont le plus contribué à la grandeur des dames parisiennes, c'est le proverbe que voici : *Fais le pas selon la jambe*. Un pas si doux et si difficile à bien sauter ! A Paris donc, à Paris sur Seine, toute fille un peu apprise devait savoir, tout au moins, comme on salue à la cour, pour n'être pas obligée de l'apprendre en vingt-quatre heures, car enfin, disaient les pères vertueux et les mères prévoyantes, mademoiselle Poisson est bien devenue, ou peu s'en faut, reine de France! Tenez-vous droite, ma fille, et faites souvent vos trois révérences *à la royale;* ne sait pas ce qui peut arriver!

FIN DU TOME PREMIER.

TABLE DES MATIÈRES

Préface. — Trois contes pour une préface. — Au docteur Prosper Ménière, médecin de l'institution des sourds-muets de Paris	3
Chapitre premier. — La balance d'or	56
Chapitre II. — Le jeune monsieur Jadis	78
Chapitre III. — Méditation poétique au Cours-la-Reine	102
Chapitre IV. — Un jour Claudine dit à Lucas : J'irai ce soir dans la prairie	120
Chapitre V. — A peine nous sortions des portes de Trézène	141
Chapitre VI. — Ils étaient dans leur char	160
Chapitre VII. — L'Eryngium odorans	178
Chapitre VIII. — Le rapé d'un cordon bleu	197
Chapitre IX. — Dans un chemin montant, sablonneux, malaisé, et de tous les côtés au soleil exposé	227
Chapitre X. — L'épreuve nouvelle	254
Chapitre XI. — O jeunesse, ô saison dont tout m'offre l'image	273
Chapitre XII. — La gageure imprévue	299
Chapitre XIII. — Le chemin creux	317
Chapitre XIV. — O Fontenay! qu'embellissent les roses	331
Chapitre XV. — Allons, seigneur, enlever Hermione	355
Chapitre XVI. — Le réveil de Louison	383
Chapitre XVII. — Denise	404

FIN DE LA TABLE DES MATIÈRES.

LIBRAIRIE DE MICHEL LÉVY FRÈRES

EN VENTE, DU MÊME AUTEUR :

LA
RELIGIEUSE DE TOULOUSE
2 beaux volumes in-8. — Prix : 12 francs.

LE
MOIS DE MAI A LONDRES ET L'EXPOSITION DE 1851
1 beau volume in-8° cartonné en toile,
avec le portrait de l'auteur. — Prix : 6 francs.

LE CHEMIN DE TRAVERSE
1 beau volume in-8°. — Prix : 3 fr. 50.

SOUS PRESSE :
LA VIE LITTÉRAIRE

EN VENTE :

ŒUVRES NOUVELLES DE A. DE LAMARTINE
Format in-8° cavalier.

GENEVIÈVE
1 volume. — Prix : 5 francs.

NOUVELLES CONFIDENCES
1 volume. — Prix : 5 francs.

TOUSSAINT-LOUVERTURE
1 volume. — Prix : 5 francs.

PARIS. — IMPRIMÉ PAR J. CLAYE ET C°, RUE SAINT-BENOIT, 7.

www.ingramcontent.com/pod-product-compliance
Lightning Source LLC
Chambersburg PA
CBHW070334240426
43665CB00045B/1928